明永樂内府本四書集注大全

第六册

明 胡廣等撰

中國國家圖書館藏明永樂十三年内府刻本

山東人民出版社·濟南

論語集註大全卷之十二

顔淵第十二

凡二十四章

顔淵問仁。子曰。克己復禮爲仁。一日克己復禮天下歸仁焉。爲仁由己。而由人乎哉。

仁者。本心之全德。慶源輔氏曰。仁義禮智皆心之德。而仁包義禮智。故曰本心之全德。克。勝也。○朱子曰。聖人下箇克字。譬如相殺定要克勝得他。克己亦別無巧法。如孤軍卒遇强敵。只是盡力舍死向前而已。己。謂身之私欲也。問己私有三。氣質之偏一也。耳目口鼻之欲二也。人我忌克之類三也。孰是夫子所指。朱子曰。三者皆在裏。看下文非禮勿視聽。則耳目口鼻之欲較多。○胡氏曰。耳目口體之欲皆因己而有。故謂之私。復。反也。慶源輔氏曰。反猶歸也。如行者之反歸於家也。禮者天理之節文也。朱子曰。所以與做禮而不謂之理者。有著實處。只說理却空去了。這箇禮。是那天理節文教人有準則處。所以謂之天理之節文者。此理無形影。故作此禮文畫出一箇天理與人看。教有規矩可以憑據。有君臣便有事君底節文。有父子便有事父底節文。其他莫不皆然。○慶源輔氏曰。天理。即全德也。節者。其限制等級也。文者。其儀章脉理也。不曰理而爲曰禮者。理虛而禮實。以其有品節文章可以依據也

仁者。所以全其心之德也。蓋心之全德莫非天理。而亦不能不壞於人欲。故爲仁者必有以勝私欲而復於禮。則事皆天理。而本心之德復全於我矣。勉齋黃氏曰。心之全德莫非天理。則言仁而禮在其中。事皆天理而心德復全。則言禮而仁在其中。皆以天理爲言。則仁即禮。禮即仁。安有復禮而非仁者哉。其曰事皆天理者。以視聽言動之屬乎事也。復歸於禮。則事皆合乎天理矣。○雲峯胡氏曰。集註始言仁者本心之全德。至此則本心之德復全。此一全字。即是本來全字。不過能復其本然者耳。○程子曰。

克己之私既盡。一歸於禮。此之謂得其本心○朱子曰。一於禮之謂仁。只是仁在內爲人欲所蔽。如一重膜遮了。克去己私復禮乃見仁。仁禮非是二物○問克復工夫全在克字上。蓋是就發動處克將去。必因有動而後天理人欲之幾始分。方知所決擇而用力也。曰。如此。只是發動方用克。若待發動而後克。不亦晚乎。發時固用克。未發時也須致其精明。如烈火之不可犯。始得○問克己復禮如何分精粗。曰。若以克去己私言之。便克己是精底工夫。到禮之節文有所欠闕。便是粗。一着未盡。然克己又是克去私意。若未能有細密工夫。一一入他規矩準繩只之中。便未是復禮。如此則復禮却乃是精處○克。是克去己私。己私既克。天理自復。譬如塵垢既去。則鏡自明。瓦礫既掃。則室自清○克己是大做工夫。復禮是事事皆落腔窠。克己便能復禮。步步皆合規矩準繩。非是克己之外。別有復禮工夫也○禮是自家本有底物。所以說箇復。不是待克己了方去復禮。克得那一分人欲去。便復得這一分天理來。克得那二分底己去。便復得這二分禮來○克己便要復禮。但克己而不復禮則墮於空寂矣。然人只有天理人欲兩途。不是天理則是人欲。即無不屬天理。又不屬人欲底。且如立如齋是天理。跛倚是人欲。克去踧倚而未能如齊。即是克得未盡。却不是未能如齊之時不係人欲也。須與立箇界限。將那未能復禮時底都把做人欲斷定。○新安陳氏曰。禮有專言者。有偏言者。恭敬辭讓。偏言之禮也。復禮爲仁。專言之禮也。克己復禮。則天理流行而仁在是。專言之禮。仁在其中矣歸。猶與也。又言一日克己復禮。則天下之人皆與其仁。極言其效之甚速而至大也。新安陳氏曰。甚速。以一日言。至大。以天下言。○朱子曰。克己復禮。則事事皆是。天下之人聞之見之。莫不皆與其仁也。○天下以仁稱之。非是一日便能如此。只是有此理。人稱不稱。固非我之所急。但言其效必至於此。○天下皆與其仁。伊川云稱其仁是也。此說得實。楊氏以爲皆在吾之度內。謂見吾仁之大如此而天下皆囿於其中。說得無形影。與呂氏洞然八荒皆在我闥同意。○覺軒蔡氏曰。天下之大。人人皆稟受此仁。我真能克復爲仁。即此仁便與天下之人都湊得著。所以天下皆以仁稱之又言爲仁由己。而非他人所能預。又見其機之在我而無難也。日日克之不以為難則私欲淨盡。天理流行。而仁不可勝平聲用矣。

新安陳氏曰。日日克之以下五句。乃朱子補本文之意而究竟言之。恐人謂一日便了。須是日日接續用功。如日三省之日。日日克己而無少間斷。機決於己而無所留難。則私欲方淨盡。而天理自然流行矣。須玩味淨字。淨盡者。無一毫不盡之謂也。○朱子曰。今日克復是今日事。明日克復是明日事。克己復禮有幾多大工夫。須日日用工。○為仁由己。這箇是自用著力。使他人不著。到私欲盡後。便粹然是天地生物之心。○雙峯饒氏曰。一日之語見於論語者二。一日用力於仁。指其用功之日而言也。一日克己復禮。指其成功之日而言也。何以知之。克者。戰而獲勝之名。復者。失而復還之謂。此皆用力而成功者。故上文以此為仁。而下文許以天下歸仁。以成功之效言之也。然則欲克己而復禮者。果何所用力耶。曰。為仁由己。用力之機要也。非禮勿視聽言動。用力之條目也。欲收克復之功者。其亦勉諸此而已矣

程子曰。非禮處便是私意。既是私意。如何得仁。須是克盡己私。皆歸於禮。方始是

仁。又曰。克己復禮。則事事皆仁。故曰天下歸仁。問歸猶與也。謂天下皆與其仁。却載程子語天下歸仁謂事事皆仁。恰似兩般。朱子曰。惟其事事皆仁。所以天下歸仁。於這事做得恁地。於那事亦做得恁地。所以天下皆稱其仁。若有一處做得不足。必被人看破了○問克己復禮則事事皆仁。曰。人能克己。則日間所行事事。皆無私意而合天理耳○問一日之間。如何得事事皆仁。曰。一日克己復禮了。雖無一事。亦不害其為事事皆仁。雖不見一人。亦不害其為天下歸仁

謝氏曰。克己須從性偏難克處克將去雲峯胡氏曰。能克人欲之私。是理勝欲。能克性質之偏。是德勝氣。集註克己說人欲。未曾說氣質。故復引謝氏說以足之○問此性是氣質之性否。朱子曰。然。然亦無難易。凡氣質之偏處。須從頭克去。謝氏恐人只克得裏面小小不好處。氣質而忘其難。故云然○人之氣稟有偏。所見亦往往不同。如氣質剛底人。則見剛處多。而處事必失之太剛。柔底人。則見柔處多。而處事必失之太柔。須先就偏處克治○敢倚踞傲。未必盡是私意。亦有性坦率著。伊川云。雖無邪心。苟不合正理。乃妄也。亦須克去○

問顏子問仁與問爲邦先後。曰。有克己復禮工夫。方始做得四代禮樂底事○克己之己。未是對人物言。只是對公字說。猶曰私耳。呂氏克己銘。極口稱揚。遂以爲己既不立。物我並觀。則天下之大莫不皆在吾仁中。說得來恁地大。故人皆喜其快。殊不知未是如此。問與叔之意與下文克己之目全不干涉。此只是自脩之事。未說著外面在。曰。須是恁地思之○初無吝驕。作我蟊賊。只說得克己一邊。却不到復禮處

顏淵曰。請問其目。子曰。非禮勿視。非禮勿聽。非禮勿言。非禮勿動。顏淵曰。回雖不敏。請事斯語矣

目。條件也。顏淵聞夫子之言。則於天理人欲之際際謂二者界限之間已判然矣。故不復扶又反有所疑問。而直請其條目也。請克己復禮之條目非禮者。己之私也。勿者。禁止之辭。是人心之所以爲主而勝私復禮之機也。私勝。則動容周旋無

不中（去聲）禮而日用之間莫非天理之流行矣。朱子曰。說文謂勿字似旗脚。此旗一麾。三軍盡退。工夫只在勿字上。纔見非禮來。便禁止之。便克去。○問顏子地位有甚非禮處。何待下此四勿工夫。曰。只心術間微有些了非禮處。也須用淨盡截斷了。他力量大。聖人便教他索性克去。○問非禮勿視聽言動。曰。目不視邪色。耳不聽淫聲。如此類工夫却易。視遠惟明。纔不遠。便是不明。聽德惟聰。纔非德。便是不聰。如此類工夫却難。視聽言動但有些箇不循道理處。便是非禮。○視聽言動之間所當爲者皆禮也。所不當爲者皆非禮也。其非禮則勿以止焉。則是克己之私而復於禮矣。其非禮而勿視聽者。防其自外入而動於内也。非禮而勿言動者。謹其自内出而接於外也。内外交進。爲仁之功盡矣。所以用力。其機特在勿與不勿之間而已。自是而反。則爲天理。自是而流。則爲人欲。自是而克念則爲聖。自是而罔念則爲狂。特毫忽之間爾。學者可不謹其所操哉。○雲峯胡氏曰。此章緊要在勿字。故集註喫緊解此一字。蓋心爲一身之主。即將爲三軍之主。一身耳目口體惟心所令。猶大將之旗一麾。而三軍坐作進退惟其所令也。○新安陳氏曰。非禮者己之私。禮者天理之公。非禮勿視聽言動。即所以克己。而所視聽言動皆合禮。即所以復禮也。能如是。則日用間莫非天理之流行。而仁在其中矣

事。如事事之事。書説命篇云。惟事事乃其有備。有備無患。○史記曹參傳。卿大夫已下吏及賓客。見參不事事。不事丞相之事。○新安陳氏曰。事事。上事字是用力活字。下事字是死字。請事斯語。顏淵默識其理。又自知其力有以勝平聲之。故直以爲己任而不疑也。朱子曰。顏子克己。如紅爐上一點雪。○雙峯饒氏曰。如吾與回言終日。回於吾言無所不悅。夫子平日多與講論。皆是博之以文。到此四勿。正是約之以禮。○顏子所克之己私。只是微過。不是顯過。然顯過易見。微過難見也。

○程子曰。顏淵問克己復禮之目。子曰。非禮勿視。非禮勿聽。非禮勿言。非禮勿動。四者身之用也。由乎中而應乎外。制於外所以養其中也。朱子曰。由乎中而應乎外。乃勢之自然。是推本視聽言動四者皆由中而出。泛言其理如

此耳。非謂從裏面做工夫也。制於外所以養其中。方是說做工夫處。全是自外而內。自葉流根之意○問克己工夫從內面做去。反說制於外如何。曰。制却在內。又問此是說仁之體而不及用。曰。制於外便是用。顏淵事斯語。所以進於聖人。進。進步幾及之意後之學聖人者宜服膺而勿失也。因箴以自警。其視箴曰。心兮本虛應物無迹。操平聲之有要。視爲之則。慶源輔氏曰。人心出入無時。莫知其鄉。何有形迹可見。然操則存。舍則亡。而操之之要。則以視而爲則而已。蓋人之視最在先。遇不當視者。才起一念要視他。便是非禮。故當以是爲操心之則。○陳氏曰。心虛靈知覺事物纔觸。即動而應。無蹤迹可尋捉處。○胡氏曰。心兮本虛者。躰也。應物無迹者。用也。躰無所窒。則用無所滯。此其本然也。○葉氏曰。目者。一身之照鑒。五行精華之所聚。於心尤切。目動則心必隨。心動則目必注。心之虛靈千變萬化。欲加檢防。先以視爲準則蔽交於前。其中則遷。陳氏曰。蔽。指物欲之私而言。中。指心之躰而言。即天理之謂也。物欲之蔽接於前則心融遂之而遷矣。制之於外以安其內。克己復禮久而誠矣。朱子曰。人之視聽言動。視最在先。爲操心之準則。此兩句未是不好。至蔽交於前。方有非禮而視。故制之於外以安其內。則克己而復禮也。如是工夫無間斷。則久而自從容不勉矣。故曰久而誠矣。○陳氏曰。物欲克去於外。則無以侵擾吾內而天理寧矣。○許氏曰。制是於天理人欲之界上截然限斷。使不正之書。非禮之色。不得以接於吾目。克己。即制之於外。復禮。即以安其內。○胡氏曰。克己復禮者。言上文乃所以用力於此也。久而誠矣者。非禮勿視未是仁。真積力久。自然誠實。則可謂之仁也。○蔡氏曰。始而克復。有以用吾力。久而誠。則私欲淨盡。表裏一貫。自無所容其力矣。其聽箴曰。人有秉彝。本乎天性。知誘物化。遂亡其正。朱子曰。四者惟視爲切。所以先言視。而視箴之說尤重於聽也。○物至則智足以知之。而有好惡。這是自然如此。到好惡無節於內。知誘於外。方始不好去。○慶源輔氏曰。人心所禀之常性。乃得之於天。而聽其所當聽。不聽其所不當聽者。即秉彝之性也。○胡氏曰。不言聽而言知者。聽者知之初。知者聽之後。因知而此心爲之動。故以知言。其實一也。○陳氏曰。知。指形氣之感而言。物欲感而知覺誘。遂爲之引去矣。化則與之相忘。如一。而無彼我之間也。卓彼先覺。知止有定。閑邪存誠。朱子曰。防閑其邪妄於外。而存其實理於内也。非禮勿聽。朱子曰。視是將這裏底引將去。所以云以安其内。聽是聽得外面來。所以云閑邪存誠。○視與看見不同。聽與聞不同。如非禮之色若過目便過了。不可有要視之之心。非禮之聲若入耳也過了。不可有要聽之心。○問視箴何以特說心。聽箴何以特說性。曰互換說也得。然諺云開眼便錯。視所以就心上說。人有秉彝本乎天性。道理本自在這裏。却因雜得外面言語來誘之。聽所以就性上說。○蔡氏曰。或疑聽箴之說亦可移爲視箴用。殊不知視是自内而引出外。聽是自外而引入内。視爲先。聽次之。所以視箴說得尤力。○雲峯胡氏曰。眼在前。不正之色只是前一面來。故曰蔽交於前。其中則遷。耳在兩傍。不正之聲左右前後皆可來。故曰知誘物化。遂亡其正。目之明在外。故當制之於外以安其内。耳之聽在内。故惟在内者知止有定乃可爾。其言箴曰。人心之動。因言以宣。

發禁躁妄內斯靜專。慶源輔氏曰。躁屬氣。妄屬欲。不爲氣所動。故靜。不爲欲所分。故專。○陳氏曰。外不躁則內靜。外不妄則內專。此一篇關要處。矧是樞機。興戎出好。去聲吉凶榮辱。惟其所召。書曰。惟口出好興戎。蔡氏傳曰。好善也。戎兵也。言發於口。則有二者之分。○陳氏曰。門之闔闢所繫在樞。弩之張弛所繫在機。人心之動。有善惡。由言以宣之。而後見於外。是亦人之樞機也。○蔡氏曰。出好則吉則榮。興戎則凶則辱。發於口者甚微。而召於彼者甚捷。可不畏哉。傷易去聲則誕。傷煩則支。慶源輔氏曰。易則心不管攝。故必至於妄誕。煩則心不精一。故必至於支離。己肆物忤。五故反出悖來違。非法不道。欽哉訓辭。朱子曰。上四句是說身上最緊切處。須是不躁妄。方始靜專。自家這心自做主不成。如何去接物。下云矧是樞機興戎出好四句。是說謹言底道理。下四句却說四項病痛。傷易則誕。傷煩則支。己肆則物忤。出悖則來違。○言箴說許多病痛。從頭起至吉凶榮辱惟其所召。是就身上謹。傷易則誕至出悖來違。是當謹於接物間。都說得周備。○陳氏曰。易者。輕快之謂。躁。則傷於易。誕者。欺誕之謂。而易中之病也。煩者。多數之謂。妄。則傷於煩。支。猶木之枝從身之旁而迸出者。乃煩中之失也。○蔡氏曰。易則誕。由其妄而不專也。煩則支。由其躁而不靜也。內不靜故已肆其言而物忤。內不專故出悖而來違。○雲峯胡氏曰。易。是輕言。煩。是多言。肆。是放言。悖。則純乎不善矣。朱子以爲是四項病。而諸家只解歸躁妄二字。非矣

其動箴曰。哲人知幾。（平聲下同）誠之於思。志士勵行。（去聲）守之於爲。順理則裕。從欲惟危。（朱子曰。哲人志士說兩般人。哲人只於思慮間便見得合做與不做。志士便於做出了方見得。雖是兩般。大抵順理便安裕。從欲便危險。○思是動之微。爲是動之著。這箇是該動之精粗。蓋思於內不可不誠。爲於外不可不守。看文字須得箇骨子。諸公且道動箴那箇是緊要。答曰。順理則裕。曰要連從欲惟危都是。這是生死路頭。○陳氏曰。結上文。二者之動雖微顯不同。然循理之公則皆無餒於中。故裕。逐人欲之私則易陷於下。故危。）造（七到反）次克念。戰兢自持。（慶源輔氏曰。造次克念。不息之誠也。戰兢自持。敬謹之體也。○覺軒蔡氏曰。造次克念。以

誠於思言。凡學者動於心不可不存克念之誠。戰兢自持。以守於爲言。凡學者動於身不可不加自持之念○陳氏曰。雖急遽苟且之時。亦必誠之於思。則其涵養之功密矣。常恐懼戒謹守之於爲。則其操存之力篤矣

習與性成。聖賢同歸。覺軒蔡氏曰。聖。性之也。謂哲人。賢。習之也。謂志士。及其成功一也。故曰同歸○新安陳氏曰。商書曰茲乃不義。習與性成。此伊尹之言本謂習於惡而與性成者。程子引用此句。則言習於善而與性成者也。此性字。蓋以氣質之性言。與上文本乎天性之性不同。天性乃以天地之性言也○徽菴程氏曰。物欲之外至。禁防於視聽。俾此仁之全躰湛然清明無一毫之或蔽。私欲之内萌。消弭於言動。俾此仁之妙用割呼麥反然中節無一毫之或乖。見非視。聞非聽。見聞非動。視聽爲動。勿視勿聽。則不動矣。動兼思貌而言。洪範五事。備於此矣。不必以以勿爲心也。真氏謂勿指心而言非禮勿視勿聽。戒謹以存養也。觀制之於外以安其内。及閑邪存誠之語可見。所以防其外入而動於内也。聲色之非禮雖甚顯而在外。過其外者不能入。能禁防於視聽。則此仁之全體湛然清明矣。非禮勿言勿動。謹獨以研幾也。觀人心之動發禁躁妄。及誠之

於思守之於爲之語可見。所以謹其自内出而接於外也。念慮之非禮雖甚微而在内。萌於内者不能自已。能謦省於言動。則此仁之大用割然中節矣愚按此章問答乃傳授心法切要之言。非至明不能察其幾。非至健不能致其決。故惟顔子得聞之。而凡學者亦不可以不勉也。程子之箴發明親切。學者尤宜深玩慶源輔氏曰。非顔子之明睿則雖告以克己復禮天下歸仁之說。必不能察天理人欲所由動之幾而遂請其條目。非顔子之剛健則雖告以爲仁由己與四勿之說。必不能致勇決於此而遂以仁爲己任。此夫子所以獨以是告顔子。而他弟子不與焉。○張氏曰。非至明不能察其幾。是言其致察於非字。非至健不能致其決。是言其用功於勿字。○趙氏曰。非至明則不能察天理人欲邪正所由動之幾。將有誤認天理爲人欲。人欲爲天理。而不自覺於宜宜之中矣。非至健則不能決天理人欲勝負所由分之勢。將有玩天理而不肯進。戀人欲而不忍割。而依違於二者之間矣。○雙峯饒氏曰。視聽言動四者。横渠東銘只云戲言戲動，却是二件。中庸非禮不動，又只是一件。詳略不同何也？蓋詳言之是四件，約言之只二件。所謂言、行，君子之樞機是也。言是言，視、聽也屬動，是行。又約言之，都只是動。視是目之動，聽是耳之動，言是口之動，動是身之動。故中庸只說非禮不動一句。聖賢之言有詳有約。顏子是問克復之目，故以詳告之。

○仲弓問仁。子曰：「出門如見大賓，使民如承大祭。己所不欲，勿施於人。在邦無怨，在家無怨。」仲弓曰：「雍雖不敏，請事斯語矣。」

敬以持己，解出門使民二句。恕以及物，解不欲勿施二句。物，即人也。則私意無所容而心德全矣。新安陳氏曰：敬以持己，則私意無所容於內；恕以及物，則私意無所容於外。於是公理流行，而心德全矣。○陳氏曰：敬者，吾心之所主而仁之存也；恕者，吾心之所以達而仁之施也。主敬持己，行恕及物，則內外無私意而仁在是矣。內外無怨，亦以其效言之，使

以自考也

新安陳氏曰。上章天下歸仁。是以克己復禮之效言之。此章內外無怨。亦以主敬行恕之效言之。考。驗也。能使內外無怨。可以驗我之能敬恕。若內外尚有怨者。是我於敬恕猶有未至也。此之謂自考。○朱子曰。己所不欲。勿施於人。緊接着那出門使民。在邦無怨。在家無怨。緊接着那己所不欲勿施於人。直到這裏。道理方透徹。似一片流水注出來。到這裏方住。中間也間斷不得。效驗到這處方是做得透徹。充足飽滿。極道躰之全而無虧欠。內外間纔有一人怨他。便是未徹。便如天下歸仁底。纔有一箇不歸仁。便是有未到處。○己所不欲。勿施於人。如富壽康寧。人之所欲。死亡貧苦。人之所惡。所欲者必以同於人。所惡者不以加於人。○能敬能恕。則仁在其中。世有敬而不能恕底人。便只理會自守。却無溫厚愛人氣象。若恕而無敬。則無以行之。須先主於敬。然後能行其恕。○聖人言語極謹密。說出門如見大賓。使民如承大祭。下面又便說己所不欲勿施於人。都無些欠缺處。問此意則躰用兼備。曰。只是如此。自家身己上常是持守。到接物上又如此。則日用之間無少間隙。私意自是何所容。可見聖人說得極密。○問如以刑加人。豈人所欲。便是不恕始得。曰。伊川云恕字須兼忠字說。忠是盡己。而後推之爲恕。夫以刑加人。其人實有罪。其心亦自以爲當然。故以刑加之。而非强所不欲也。其不欲被刑。乃其私心。若其真心。既以犯罪。亦自知其當刑矣。今人只爲不理會忠而徒爲恕。其弊只是姑息。○問恕有是非。如何都得他無。曰。此只說恕得是底。○第子之問多矣。獨二子有請事之對。盖庶其能踐此言而後對。記者亦以其克此對而記之也。○慶源輔氏曰。不敬。則私欲萬端。害仁之躰。不恕。則徇己遺人。梽仁之用。必敬以養之。恕以達之。則私意無可萌之時。無可著之處矣。○王氏曰。主敬。則内有以全其心之德。行恕。則外有以推其愛之理。○雲峯胡氏曰。敬以持己。是收斂此心入來。恕以待人。是推擴此心出去。

○程子曰。孔子言仁。只說出門如見大賓。使民如承大祭。看其氣象。便須心廣體胖。動容周旋中去聲禮。新安陳氏曰。程子恐人認見賓承祭作勉强拘束之敬。故云然。盖欲如所謂禮之用和爲貴也。唯謹獨。便是守之之法。新安陳氏曰。又恐人外貌如此。而中心不如此。必於一念萌動己所獨知之處而致謹焉。便是持守此敬之法。○雙峯饒氏曰。心廣體胖。周旋中禮。特敬之氣象耳。至於用功。却在謹獨上。蓋人但見其出門使民耳。如見大賓。如承大祭。則人所不知而己所獨知者。於此謹之。則得其用功之要。

或問出門使民之時。如此可也。未出門使民之時。如之何。曰。此儼若思時也。曲禮曰。儼若思。此靜時敬也。有諸中而後見形甸反於外。觀其出門使民之時。其敬如此。則前乎此者敬可知矣。新安陳氏曰。觀其動時敬。則其靜時敬可知。非因出門使民然後有此敬也。此程子推夫子言外之意而言之。○問程子只說作敬。先生便說敬以持己。恕以及物。看來須如先生說方全。朱子曰。程子不是說經上說。是偶然摘此二句。所以只說作敬。○南軒張氏曰。平日之涵養。一於敬。則出門使民之際。皆此心也。○雙峯饒氏曰。平時固是敬謹。出門使民時尤加敬謹。此只就出門使民說起。則只是動時事。蓋出門使民。是與人交接之時。於此時有敬謹之心。則愚交接之間。私意不存。而得以盡其推己及人之恕矣。

按克己復禮。乾道也。主敬行恕。坤道也。顔冉之學其高下淺深於此可見。然學者誠能從事於敬恕之間而有得焉。亦將無己之可克矣朱子曰。乾道奮發而有爲。坤道静重而持守。觀夫子告二子氣象。各有所類。○仲弓資質温粹。顔子資質剛明。顔子於仁剛健果決。如天旋地轉雷厲風行做將去。仲弓則自歛藏嚴謹做將去。伊川曰。質美者明得盡。查滓便渾化。却與天地同躰。其次惟莊敬以持養之。顔子則明得盡者。仲弓則莊敬以持養之者也。顔子如創業之君。仲弓如守成之君。○克復乾道。是一服藥打疊了這病。敬恕坤道。是服藥調護漸漸消磨了這病。持敬行恕雖不曾著力去克己復禮。然只一般。若把這箇養來養去。那私意自是著不得。○問克己工夫與主敬行恕如何。曰。克己復禮。是截然分別箇天理人欲。是則行之。非則去之。敬恕則猶是保養在這裏。未能保他無人欲在。若將來保養得至。亦全是天理矣。○克己復禮。如內修政事外攘夷狄。出門使民。如上策莫如自治。○問持敬克己工夫相資相成否乎。曰。做處則一。但孔子告顔子仲弓隨他氣質地位而告之耳。若不敬。則此心散漫何以能克己。若不克己。非禮而視聽言動安能爲敬。又曰。敬之至固無己可克。克己之至亦不消言敬。敬則無己可克者。是無所不敬。故不用克己。此是大敬。如聖敬日躋。於緝熙敬止之敬也。○潛室陳氏曰。顏子工夫索性。豁開雲霧便見青天。故屬乾。仲弓工夫著力。淘盡泥沙方得見清泉。故屬坤。此處最難認。須細心玩聖賢氣象便會得。○厚齋馮氏曰。左傳云。仲尼曰古語有之曰。克己復禮仁也。蓋古有此語。唯顏子可以從事於此。又曰出門如賓承事如祭。仁之則也。亦古有此語。唯仲弓可以語之。○蔡氏曰。以效言之亦有不同。顏子底便可天下歸仁。其應廣而速。仲弓底只可邦家無怨。其應狹而緩

○司馬牛問仁

司馬牛孔子弟子。名犂。向式亮反魋徒回反之弟。宋人

子曰。仁者其言也訒。訒音刃

訒忍也。難也。仁者心存而不放。故其言若有所忍而不

易去聲下同發。蓋其德之一端也。朱子曰。仁者之人言自然訒。在學者即當自謹言語以操存此心。如今人輕易言語。是他此心不在。奔馳四出。如何有仁。○此心不放。便存得道理在此。察其言便可知其本心之存與不存。○雲峯胡氏曰。集註於顏淵則曰心德之全。此則曰德之一端。亦不過四勿中之一也。夫子以牛多言而躁。故告之以此。使其於此而謹之。則所以爲仁之方不外是矣。朱子曰。這是司馬牛身上一項病。去得此病。則方好將息克養爾。○問。仁者其言也訒。只是訥於言意思否。曰。訥於言而敏於行。是怕人說得多後行不逮。其言也訒。是說持守得那心定後說出來自是有斟酌。恰似肚裏先商量了方說底摸樣。今人只信口說。方說時他心裏也自不知得。○問。聖人答司馬牛其言也訒。此句通上下言否。曰。就他身上說又較親切。人謹得言語不安發。即求仁之端。

曰。其言也訒。斯謂之仁矣乎。子曰。爲之難。言之得無訒乎。

牛意仁道至大。不但如夫子之所言。故夫子又告之以此。蓋心常存。故事不苟。事不苟。故其言自有不得而易者。非强上聲閉之而不出也。朱子曰。心存則自是不敢胡亂說話。大率說得容易底便是他心放了。是實未嘗爲之也。若不敢胡亂做者。必不敢容易說。然亦是存得這心在。○慶源輔氏曰。心存則行自然難而不苟動。言自然訒而不苟發。此心德之自然。豈易能哉。而牛之意。則以訒其言爲强閉而不出。故易視之。而以爲仁道之大不但如此而已也。○新安陳氏曰。言仁以心存爲本。心存則言不易。心存則事不苟。所以集註於此章兩以心存言之。楊氏曰。觀此及下章再問之語。牛之易其言可知。朱子曰。仁者心常醒。見這事來便知要做得合道理。不可輕易。便是知得爲之難。故自不敢輕言。若不仁之人。心常如瞌睡相似。都不見這事理。使天來大事。便敢輕輕做。一兩句說了。○問爲之難者。不謂仁之難爲耶。曰。仁者之言無不訒。蓋知事之無不難也。豈獨仁之難爲而後難於言耶。且必若此。則凡事皆可易言而獨於言仁爲不可易矣豈其然乎○程子曰雖爲去聲司馬牛多言故及此然聖人之言亦止此爲是愚謂牛之爲人如此若不告之以其病之所切而泛以爲仁之大槩語音御之則以彼之躁必不能深思以去上聲其病而終無自以入德矣故其告之如此蓋聖人之言雖有高下大小之不同然其切於學者之身而皆爲入德之要則又初不異也讀者其致思焉

朱子曰司馬牛如何做得顏子仲弓底工夫須是逐人理會仁譬之屋克己是大門打透便入來敬恕是第二門言訒是箇小門雖皆可通然小門迂回得些是隨他病處說○陳氏曰語牛之說又下於雍非祕其精義而不以語之也以牛多言而躁若不語以其病所切則彼之躁必不自覺終身爲此心之累而無由可進於仁必使之先致謹於此去煩而簡去躁而靜則心無所放而言每難其出

入德次第方可漸進。而仁可求矣

○司馬牛問君子。子曰。君子不憂不懼向魋作亂。牛常憂懼。故夫子告之以此厚齋馮氏曰。內憂其兄。外懼其禍也

曰。不憂不懼。斯謂之君子矣乎。子曰。內省不疚。夫何憂何懼夫音扶

牛之再問。猶前章之意。故復扶又反告之以此。疚。病也。言由其平日所爲無愧於心。故能內省悉井反不疚而自無憂懼。未可遽以爲易去聲而忽之也。雙峯饒氏曰。無愧是不疚之本。不疚。是不憂懼之本

○晁氏曰。不憂不懼。由乎德全而無疵。故無入而

不自得。非實有憂懼而強上聲排遣之也。朱子曰。牛將謂是塊然頑然不

必憂懼。不知夫子自說內省不疚自然不憂懼來。○有

憂懼者。內有所慊也。自省其內而無所病。則心廣體胖

何憂懼之有。○慶源輔氏曰。不憂不懼者。疑若有之而

強排遣之也。何憂何懼。則是自無憂懼耳。蓋君子自然

之德也。○牛之再問。雖易於言。然足以發聖人未盡之

蘊。使吾德少有疚。則不免憂懼。憂懼。氣象歉索也。內省

不疚而何憂懼。與孟子集義生浩

然之氣。仰不愧俯不怍之意同。

○司馬牛憂曰。人皆有兄弟。我獨亡。

牛有兄弟而云然者。憂其為亂而將死也。左傳哀公十四年。魋入于

曹以叛。民叛之。魋奔衛。遂奔齊。○問牛無令兄弟何也。

朱子曰。以傳考之。桓魋欲弒宋公而欲殺孔子。其惡著

矣。而其弟子頎子車亦與

之同惡。此牛所以憂也。

子夏曰。商聞之矣。

蓋聞之夫子

死生有命。富貴在天

命稟於有生之初。非今所能移。莫之爲而爲。非我所能必。但當順受而已。陳氏曰。天者。命之所自出。命則天之所賦於人者。故以理言之謂之天。自人言之謂之命。其實一而已。○慶源輔氏曰。順謂不咈。受謂不拒。只此二字。便是處死生富貴之要訣

君子敬而無失。與人恭而有禮。四海之内皆兄弟也。君子何患乎無兄弟也

既安於命。又當脩其在已者。故又言苟能持已以敬而不間去聲斷。徒玩反接人以恭而有節文。則天下之人皆愛敬之如兄弟矣。蓋子夏欲以寬牛之憂。而爲是不得已

之辭讀者不以辭害意可也慶源輔氏曰。既吉以安命。又勉以脩身。使兩盡其道。○趙氏曰。若安於命而不脩己。是有命而無義。聽乎天而不盡乎人矣。○雙峯饒氏曰。敬在心。恭在容。敬易能。無失爲難。間斷則失矣。恭易能。有禮爲難。有節文。是致恭又能中節。如足恭。則恭而無禮矣。○新安陳氏曰。死生富貴惟當聽其在天。恭敬禮節則當盡其在己。敬而無失。又恭而有禮之本也。子夏皆兄弟之語有疵。集註下一如字。謂人皆愛敬之如兄弟。則意足而辭當矣

○胡氏曰子夏四海皆兄弟之言。特以廣司馬牛之意。意圓而語滯者也。唯聖人則無此病矣。且子夏知此。而以哭子喪去聲明禮記檀弓篇子夏喪其子而喪其明則以蔽於愛而昧於理。是以不能踐其言爾朱子曰。子夏當初只要開廣司馬牛之意。只不合下箇皆兄弟字便成無差等了。○慶源輔氏曰。觀喪明事。則牛之失乃移於商之身而不自知也。○雙峯饒氏曰。此子夏寬牛之憂而推其原以廣之也。人之兄弟共一箇父母。此固

是親。若推其原。則人又只是共一箇天地大父母。自共一箇父母觀之。則兄弟爲有限。自共一箇天地觀之。則並生於天地間皆兄弟也。此意豈不甚廣。然畢竟他人之兄弟。其情安能及得己之兄弟。意雖廣大。語實有病。圓則活。滯則死。凡圓底便活。方底便不動。○新安陳氏曰。喪明事與此不同。然其爲憂戚之情發不中節而過其則。則一耳。○雲峯胡氏曰。西銘亦曰。民吾同胞。曰皆吾兄弟。但自乾父坤母說來。句句是說理一而分殊。子夏曰四海皆兄弟。似近乎理之一。至曰何患乎無兄弟。則不知有分之殊矣。此集註所以欲讀者不以辭害意也

○子張問明。子曰。浸潤之譖。膚受之愬。不行焉。可謂明也已矣。浸潤之譖。膚受之愬。不行焉。可謂遠也已矣譖莊蔭反愬蘇路反

浸潤。如水之浸灌滋潤。漸漸如字又將廉反漬而不驟也。譖毀人

之行去聲也。膚受。謂肌膚所受。利害切身。如易所謂剝牀以膚。切近災者也。易剝之六四。剝牀以膚。象曰。切近災也愬愬己之冤也。毀人者漸漬而不驟。則聽者不覺其入而信之深矣。愬冤者急迫而切身。則聽者不及致詳而發之暴矣。朱子曰。譖是譖人是不干己底事。纔說得驟便不能入他。須是閑言冷語掉放那裏。說交來不覺。愬是愬切己底事。纔說緩慢。人便不將做事。須是說得緊切要忽然間觸動他。如被人罵。便說被人打。被人打。便說被人要殺。蓋不如此。不足以觸動他也○齊氏曰。水之潤物其浸以漸。故游揚以誣善者曰浸潤之譖。膚受芒刺痛痒立見。故激以切己利害之言曰膚受之愬二者難察而能察之。則可見其心之明指可謂明而不蔽於近。指可謂遠矣。此亦必因子張之失而告之。故其辭繁而不殺。所界反以致丁寧之意云○楊氏曰。驟而語之。與利害不切於身者不行焉。有不待明者能之也。故浸潤之譖膚受之愬不行。然後謂之明。而又謂之遠。遠則明之至也。書曰。視遠惟明。朱子曰。若事本非實而譖者遽然極言其事。愬者泛然不切於身則亦不足以惑人矣。故以此二者之相爲反對而互言。若見其事變之不同而明無不照也。○慶源輔氏曰。浸潤膚受皆以巧譖而行其譖愬者也。然使之不行則非既明且遠者有所不能。子張之爲人務外好高。於事必有忽略自足之病而無深潛縝密之功。平日不過觀其皮毛意象以爲有得於人情之細密。事理之精微。則未必能察也。故夫子因其問明而姑舉二事以告之。使其反諸身而知有所戒矣。○蘇氏曰。譖愬之言常行於偏暗而隘迫者。蓋一有所聞而忿心應之也。明且遠者虛以察之。則不旋踵而得其情矣。○雙峯饒氏曰。浸潤者其來舒緩。膚受則其來急迫。一緩一急。緩則不暇覺。急則不暇詳。一要覺。一要詳。覺與詳是兩事。集註以察字包之。因子張之失而告之。其失果在何處。蓋必者料想之辭。子張是箇易疑易信底人。

易疑生譖易信生愬〇鄭氏汝諧曰善形容小人之情狀無若聖人之言凡譖愬者使其正言之則人人皆識之矣唯其便僻側媚入人以漸雖智者或不察也

〇子貢問政子曰足食足兵民信之矣

言倉廩實而武備修然後教化行而民信於我不離叛也新安陳氏曰民信之矣以敎言之民所以信之之本則孔子未之及所以朱子推本而以教化行言之如施信於民與國人交止於信皆是也兵食既足然後施教而化行民斯信之矣非謂止足食足兵民便信之也

子貢曰必不得已而去於斯三者何先曰去兵去上聲下同

言食足而信孚則無兵而守固矣

子貢曰必不得已而去於斯二者何先曰去食自古皆有死民無信不立

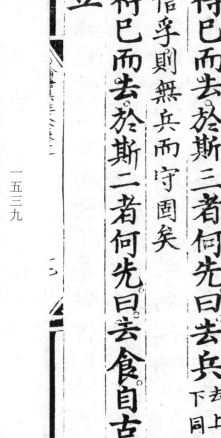

民無食必死。然死者人之所必不免。無信則雖生而無以自立。問是民自不立。是國不可立。朱子曰。是民自不立。民不立。則國亦不能以有立。蓋有信。則相守以死。無信。則相欺相詐而臣棄其君。子棄其父矣不若死之爲安。朱子曰。安字極有味故寧死而不失信於民。使民亦寧死而不失信於我也○程子曰。孔門弟子善問直窮到底。如此章者。非子貢不能問。非聖人不能答也。慶源輔氏曰。非於理有所見。而必欲究其精微之蘊者。不能如此問。非據理之極。而於膠轕肯綮之際如照數計。無纖毫之疑者。不能如此答之也愚謂以人情而言。則兵食足而後吾之信可以孚於民。以民德而言。則信本人之所固有。非兵食所得而先也。是以爲政者。當身率其民而以死守之。不以危急而可棄也朱子曰此只因足食足兵而後民信。本是兩項事。子貢却做三項事認了。信字。便是在人心不容變底。○制田里。薄賦歛使民有常產而不失其時。則倉廩實而足食矣。比什伍時簡教。使民有勇而知方。則戎備飭而足兵矣。有是二者。則民以信事上而無欺詐離叛之心。所謂民信之也。問兵之可去何也。曰。食足而民信。則民親其上死其長。如子弟衛父兄。手足捍頭目。可制挺以撻堅利矣。必不得已而去。則兵或可無也。問食之可去何也。曰。以序言之。則食爲先。以理言之。則信爲重。蓋死生常理。人所必不免者。若民無信。則失所以爲民者。而無以立乎天地間。是以必有以使民寧無食以死。而不失其尊君親上之心。則其政之所以得民心而善民俗。首可得而言矣。○南軒張氏曰。生則有死。人之常理。至於無信。則欺詐傾奪。無復人理。是重於死也。夫食與兵固爲急務。然信爲之本。無信。則雖有粟而誰與食。雖有兵而誰與用哉。○勉齋黄氏曰。夫子初答爲政之先後也。再問復告義理之輕重也。所謂民信至此而後民有以全其信。非謂至是而後方施信於民也。然則教民以信。其可一日緩乎。○覺軒蔡氏曰。五常之信。猶五行之土。民無信不立。猶物無土不生。爲政固以兵食爲先。而兵食亦以信而立。子貢兩發必不得已之問。直窮到底。以見信之尤重於死。而不可須刻無也。○雙峯饒氏曰。去食去兵。是處變之道。如忽然水旱之餘。食有不繼。猝然寇難之來。防禦不及。然後可去。若爲政常法。如何可使兵食不足。三者俱全。處事之常。二者可去。處事之變。蓋兵食外物。容有時而可無。信是本心之德。故無時而可去。○問古者藏兵於農。兵非不足也。三年耕有一年之積。九年耕有三年之積。食非不足也。孔子謂足食足兵。豈亦後世富強之術歟。○齊氏曰。考井田之法。周人常以其地容三百五十萬四千夫。養七十五萬卒。夫以無事而耕者言。卒以農隙教以備有事者言。夫無事則並隸於司徒。有事則隸於司馬也。大率是以五夫養一卒。足食即所以足兵也。民信之矣。信其有養有教。使我勇且知方而真可以敵王所愾也。愾苦槩反怒也。敵王所愾四字出左傳雖曰三者。其實只是一事。天下未有食足而兵不足。食足兵足而民不信者也。子貢再問而孔子曰去兵。非去兵也。食足而民信。則民固皆兵也。子貢三問而孔子曰去食。苟孚於民。則雖緩急之極。而亦終不忍以飢寒去也。然則亦非去食也。甚言其不可以無恩交義結之素耳。○雲峯胡氏曰。集註於信字。先謂教化行而民信

於我不離叛也。是處常而不失信。未謂以死守之不以危急而可棄也。是處變而不失信

○棘子成曰。君子質而已矣。何以文爲

棘子成。衛大夫。疾時人文勝。故爲此言

子貢曰。惜乎夫子之說君子也。駟不及舌

言子成之言。乃君子之意。崇本質是君子之意然言出於舌則駟馬不能追之。又惜其失言也厚齋馮氏曰。鄧析謂一言而非。駟馬弗追。一言而急駟馬弗及。蓋出於此

文猶質也。質猶文也。虎豹之鞟。猶犬羊之鞟鞟其郭反

鞟皮去上聲下同毛者也。言文質等耳。不可相無。若必盡去其文而獨存其質。則君子小人無以辨矣。慶源輔氏曰。有質斯有文。

有文須有質。不可相無。皮譬則質也。毛譬則文也。皮毛俱在。然後虎豹犬羊可辨。文質兼存。然後君子小人可明。若盡去其毛。獨存其皮。譬則盡去其文。獨存其質爾。如是。則虎豹犬羊之貴賤。君子小人之賢否。皆不可辨矣

夫音扶棘子成。矯當時之弊。固失之過。而子貢矯子成之弊。又無本末輕重之差。楚宜反胥失之矣

朱子曰。棘子成全說質固未盡善。子貢全說文以矯子成又錯。若虎皮羊皮雖除了毛。畢竟自別。事體不同。使一箇君子與一箇屠販之人相對坐。並不以文見。畢竟兩人好惡自別。大率固不可無文。亦當以質爲本。如寧儉寧戚之意。○問棘子成之言與夫子之答林放何異。而子貢非之若是耶。曰。夫子之言權衡審察而詞氣和平。蓋未始以文爲可盡去也。若子成則詞氣矯激。而取舍則過中矣。其流之弊將必至於棄禮滅法。如西晉君子之爲者。故子貢惜其言之失而力正之也。曰。何以言子貢之言有弊也。曰。子成之說偏矣。而子貢於文質之閒又一視之而無本末輕重緩急之差焉。則又矯子成之失而過中者也。蓋立言之難如此。自非聖人孰能無所偏倚而常適其平也哉

○雙峯饒氏曰。此章當作三様看。棘子成之意欲盡去其文而獨存其質。子貢之意則以爲文質相等。集註則謂質爲本文爲末。本則重。末則輕。然盡去其文而獨存其質。其流將有棄禮滅法之弊。文質相等。則不分本末而無所重輕。故集註謂棘子成與子貢胥失之○雲峯胡氏曰。子成之言固失之。然子貢曰文猶質。質猶文。猶字無本末輕重之差。亦豈所以論君子。必如夫子曰質勝文則野。文勝質則史。文質彬彬然後君子。斯言無弊矣

○哀公問於有若曰。年饑用不足。如之何

稱有若者。君臣之詞。用。謂國用。公意蓋欲加賦以足用也。齊氏曰。稱名者。庶人對君之禮。孔子嘗爲大夫。故止稱姓

有若對曰。盍徹乎

徹。通也。均也。周制一夫受田百畝。而與同溝共井之人

通力合作。計畝均收。新安陳氏曰。以通力均收二句。照應通也均也之訓大率民得其九。公取其一。故謂之徹。同溝共井之說。詳見孟子滕文公問爲國集註下〇朱子曰。徹是八家皆通力合作九百畝田。收則計畝均分。公取其一。如助則八家各耕百畝。同出力耕公田。此助徹之別也魯自宣公稅畝。又逐畝什取其一。則爲什而取二矣。春秋宣公十五年。初稅畝。公田之法十取其一。今又履其餘畝。復十取其一。遂以爲常。故曰初左傳初稅畝。非禮也。穀生不過藉。以豐財也周法民耕百畝。公田中畝借民力而治之。故曰藉。稅不過此。過此則非禮矣故有若請但專行徹法。欲公節用以厚民也

曰。二。吾猶不足。如之何其徹也

二。即所謂什二也。公以有若不喻其旨。故言此以示加賦之意

對曰。百姓足。君孰與不足。百姓不足。君孰與足

民富則君不至獨貧。民貧則君不能獨富。有若深言君民一體之意。以止公之厚斂。去聲下同為人上者所宜深念也。朱子曰。未有府庫財非其財者也。百姓既足。不成坐視其君不足。亦無此理。蓋有人斯有土。有土斯有財。君百姓不足。君雖厚斂亦不濟事。○勉齋黃氏曰。君孰與不足。但言民既皆足矣。則君雖不足無人與君不足者。無人與君不足。則當竭力以奉其上矣。何不足之患哉。君孰與足。言民既不足矣。則君雖獨足無人與君足者。無人與君足。則君亦安能保其足哉。○新安陳氏曰。節用則薄取而有餘。民之富即君之富也。後用則盡取而不足。民既貧。君誰與守其富哉。宣公稅畝後。哀公加賦。經傳無聞。仁言之利博哉。○楊氏曰。仁政必自經界始。經界正。而後井地均。穀祿平。而軍國之須皆量是以為出焉。故一徹而百度舉矣。上下寧憂不

足乎。以二猶不足而教之徹。疑若迂矣。然什一天下之中正。多則桀寡則貉。二語見楊子法言。本出孟子白圭章不可改也。後世不究其本而唯末之圖。故征斂無藝。費出無經。而上下困矣。雙峯饒氏曰。征斂無藝。則下困。費出無經。則上困又惡平聲知盍徹之當務而不爲迂乎問哀公之不足。非不足也。什取其二不歸於公室而歸於三家也。雖徹而何補於哀公之不足耶。朱子曰。徹法行。則自一夫百畝等而上之士大夫卿各有差等。以至於君什卿祿之制皆可以次第而舉。不惟野人之井地均。而君子之穀祿亦平矣○慶源輔氏曰。哀公欲加賦。惟末是圖也。有若欲徹反本之論也。以私意而觀目前。則反本之論爲迂。而圖末者有一旦之效。以理而觀於長久。則一旦之效適重後日之憂。而反本之論實經久之利也。末流之弊愈求諸末。不至於覆亡不止。古今一律耳○鄭氏舜舉曰。民之財即上之財。民之力即上之力。車乘民所出。芻粟民所供。板幹力役民所爲。能寬其稅斂。則民得遂其生而出力以供公上者必衆何患其不足也不然室家離散田萊荒蕪上何所取以足用乎○厚齋馮氏曰古者什取一以給公上而征役城築皆民自備上止出令而已故民足則君足後世盡取而歸之公上故民雖不足而君亦未嘗得足哀公十二年十三年皆有螽連年用兵於邾又有齊警此所以年饑而用不足也有若乃告之以徹此儒生之常談而世笑之以爲迂濶者也然有國者足食以税足兵以賦夫魯之兵甲已數倍於古季孫以兵不足而欲用田賦故夫子曰有周公之典在魯之税畝已加倍於古哀公以二猶不足而欲加税故有若對曰盍徹乎是知有若之講聞於夫子者有素也○勿軒熊氏曰按論語有若之言凡四章一言仁一言禮一言信義皆爲學之大本一言徹法亦爲政之大經體用具矣

○子張問崇德辨惑子曰主忠信徙義崇德也

主忠信則本立徙義則日新問崇德辨惑何以有是目而子張樊遲皆以爲問也朱子曰胡氏以爲或古有是言或世有是名而聖人標出之使諸弟子以爲入道之門户也其説得之矣曰主

忠信徙義之所以爲崇德何也。曰。主忠信。則其徙義也有地。而可據。能徙義。則其主忠信也有用而日新。內外本末交相培養。此德之所以日積而益高也。○主忠信主字須重看。喚做主是要將這箇做主。徙義是自家一事未合義。遷徙去那義上。見得又未甚合義。須更徙去令都合義。主忠信且先有本領了。方徙義。恁地便德會崇。若不先主忠信。即空了。徙去甚處。如何會崇。主忠信而不徙義。却又固執。○主忠信是劄脚處。徙義是進步處。漸漸進去。則德自崇矣。○忠信是箇基本。徙義又是進處。無基本。徙義不得。有基本。不徙義亦何緣得進。○南軒張氏曰。不主忠信。則無徙義之實。不能徙義。則其所主者亦有時而失其理矣。二者蓋必相須。然後德之所以崇也。○陳氏曰。主忠信。則存無不誠而本以立。徙義。則動無非理而行以進。互而言之。能主忠信。則所徙者溥博淵泉而時出。能徙義。則所主者篤實光輝而日新。此德所以日新而高。自有不容已者。○雙峯饒氏曰。本。如屋之有基。日新。如土培其基。日至於高也。忠信是德。徙義是崇。徙義者。今日所爲未是。明日見得。今日未是處。便徙不是處遷入是處。愈遷愈高

愛之欲其生。惡之欲其死。既欲其生。又欲其死。是惑也。惡去聲

愛惡人之常情也。然人之生死有命。非可得而欲也。以愛惡而欲其生死。則惑矣。既欲其生。又欲其死。則惑之甚也。朱子曰。溺於愛惡之私。而以彼之死生定分爲可以隨己之所欲。且又不能自定。而一生一死交戰於胸中。虛用其力於所不能必之地。而實無所損益於彼也。可不謂之惑乎。○南軒張氏曰。推此一端。則凡欲之而安者皆惑也。○問辨惑何不教之以辨之之方。雙峯饒氏曰。使知其所以惑者在此。是卽所謂辨也。○齊氏曰。崇德屬行。辨惑屬知。○新安陳氏曰。欲人生死。意子張或有此蔽。故因言之。果能主忠信以立積德之基。徙義以爲進德之地。則德日進於高明。而所見亦高明。於以辨惑何難之有。況欲人生死。又惑之易辨者也。

誠不以富。亦祇以異。

此詩小雅我行其野之詞也。舊說。夫子引之。以明欲其生死者不能使之生死。如此詩所言。不足以致富而適足以取異也。程子曰。此錯簡。當在第十六篇齊景公有馬千駟之上。因此下文亦有齊景公字而誤也。○楊氏曰。堂堂乎張也。難與並爲仁矣。則非誠善補過不蔽於私者。故告之如此。慶源輔氏曰。誠善。主忠信之事。補過。徙義之事。不蔽於私。辨惑之事。堂堂難與並爲仁。盖務外不務內者。故告以此

○齊景公問政於孔子

齊景公。名杵臼。魯昭公末年。孔子適齊。史記世家。季平子得罪魯昭公。昭公率師擊平子。平子與孟氏叔孫氏三家共攻昭公。昭公師敗奔於齊。齊處昭公于乾侯。魯亂。孔子適齊爲

高昭子家臣以通乎景公

孔子對曰。君君臣臣。父父子子。此人道之大經。政事之根本也。南軒張氏曰。爲政以序彝倫爲先。彝倫不叙。則節目雖繁亦無以順治矣。君君臣臣父父子子。彝倫所爲叙也。雖堯舜之治亦不越乎此。貴於盡其道而已○慶源輔氏曰。此三綱之大者。故以爲人道之經政事之本是時景公失政。而大夫陳氏厚施去聲於國。左傳昭公三年。晉少姜卒。少姜齊女。晉侯嬖妾。齊侯使晏嬰請繼室於晉。既成昏。晏子受禮。叔向從之宴。叔向曰。齊其何如。晏子曰。此季世也。吾弗知。不知其他齊其爲陳氏矣。公棄其民。而歸於陳氏。齊舊四量。音亮豆區烏侯反釜鍾。四升爲豆。各自其四。以登於釜。四豆爲區。區斗六升。四區爲釜。釜六斗四升。登。成也。釜十則鍾。六斛四斗。陳氏三量皆登一焉。鍾乃大矣。登。加也。謂加舊量之一也。以五升爲豆。四豆爲區。四區爲釜。以家量貸。而以公量收之。貸厚而收薄山木如市。弗加於山。魚鹽蜃蛤。弗加於海。貫如在山海不加貴民參其力。二入於公而衣食其一。言公重賦斂公聚朽蠹。而三老凍餒。三老。謂上壽中壽下壽者不見養遇國之諸市屨賤踊貴。踊。刖足者屨也。刖足者多。故踊貴民人疾痛而或燠於位反休虛位反之。燠休。痛念之聲謂陳氏也其愛之如父母。而歸之如流水。欲無獲民將焉避之。○二十六年。齊侯與晏子坐於路寢。公歎曰。美哉室。其誰有此乎。景公自知德不能久有國。故歎也晏子曰。敢問何謂也。公曰。吾以爲在德。對曰。如君之言其陳氏乎。陳氏雖無大德而有施於民。豆區釜鍾之數其取之民也薄。其施之民也厚。公厚斂焉。陳氏厚施焉。民歸之矣。後世若少惰。陳氏而不亡。則國其國也已。公曰。是可若何。對曰。唯禮可以已之。在禮。家施不及國。民不遷。農不移。工賈不變。守常業士不濫。不失職官不滔。滔慢也大夫不收公利。公曰。善哉。我不能矣。吾今而後知禮之可以爲國也。

景公又多內嬖。嬖。臂閉二音而不立太子。左傳哀公五年。齊燕姬景公夫人生子不成而死。不成。未冠也諸子鬻姒之子荼嬖。諸子。燕公子也。鬻姒。景公妾。荼。安孺子。諸大夫恐其爲太子也。言於公曰。君之齒長矣。未有太子若之何。公曰。二三子間音閑於憂虞。則有疾疢。亦姑謀樂。何憂於無君。景公意欲立荼而未發。故以此言塞大夫請。公疾。使國惠子名夏高昭子名張立荼。寘羣公子於萊。萊，齊東鄙邑。秋。景公卒。冬。公子嘉。公子駒。公子黔奔衛。公子鉏公子陽生來奔。皆景公子在萊者。六年八月。陳僖子使召公子陽生而立之。是為悼公。公使朱毛遷孺子荼於駘。不至。殺諸野幕之下。其君臣父子之間皆失其道。故夫子告之以此

公曰。善哉。信如君不君。臣不臣。父不父。子不子。雖有粟。吾得而食諸

景公善孔子之言而不能用。其後果以繼嗣不定。啓陳氏弒君篡國之禍。史記田敬仲完世家。五世孫田釐子乞事齊景公為大夫。其收賦稅於民以小斗受之。其粟予民以大斗。行陰德於民。而景公弗禁。由此田氏得齊衆心。本陳氏。改為田氏。宗族益强。景公太子死。後有寵姬曰芮子。生子荼。景公病。命其相國惠子高昭子以荼為太子。景公卒。兩相國高立荼。是為

安孺子。而田乞不悅。欲立景公他子陽生。陽生素與乞歡。安孺子之立也。陽生奔魯。田乞鮑牧與大夫以兵入公室。攻高昭子殺之。惠子奔莒。安孺子奔魯。田乞使人迎陽生至齊。遂立陽生於田乞之家。是爲悼公。乃使人殺孺子荼。田乞爲相專齊政。四年田乞卒。子恒立。是爲田成子。鮑牧與悼公有隙。弑悼公。齊人共立其子壬是爲爲簡公。田恒與監止一作闞止俱爲左右相。田恒心害監止。監止幸於簡公。權弗能去。於是田恒復修釐子之政。以大斗出貸。以小斗收。齊人歌之曰。嫗乎采芑。歸乎田成子。田恒擊殺監止。簡公出奔。田氏之徒遂弑簡公於徐州。恒立簡公之弟驁。是爲平公。田恒爲相。言於平公曰。德施人之所欲。君其行之。刑罰人之所惡。臣請行之。行之五年。齊國之政皆歸於田恒。於是盡誅鮑晏及公族之强者。而割齊自安平以東至琅耶。自爲封邑。封邑大於平公之所食。田恒卒。子襄子盤代立。襄子卒。子莊子白代立。莊子卒。子太公和立。田和遷齊康公於海上。食一城以奉其先祀。康公之十九年。田和立爲齊侯列於周室。紀元年。太公和立二年卒。子桓公午立。六年卒。子威王因齊立。二十六年自稱爲王以令天下

○楊氏曰。君之所以君臣之

所以臣父之所以父子之所以子是必有道矣景公知善夫子之言而不知反求其所以然蓋悅而不繹者齊之所以卒於亂也問景公審能悅夫子之言而繹之則如之何朱子曰舉齊政而授之夫子則君臣父子之倫正之有餘矣惜其不能而齊卒於亂也○雙峯饒氏曰就景公身上言之則景公自不能盡君之道致其臣陳氏厚施於國自不能盡父之道致內嬖之多而不立太子故楊氏云景公知善夫子之言而不知反求其所以然者是說景公不能反之於身以盡君父之道也○厚齋馮氏曰聖人之言各當其分而萬世無弊信斯言也謂君則君臣則臣父則父子則子可也謂君君則臣臣父父則子子亦可也○雲峯胡氏曰履霜堅冰至景公不能謹其幾於先矣雖善夫子之言何益哉

○子曰片言可以折獄者其由也與折之舌反與平聲

片言半言折斷丁亂反也朱子曰半言辭未畢而人已信之也○胡氏曰折者析而二之

也。治獄之道。兩辭具備。曲直未分。混爲一區。及乎別其孰爲曲。孰爲直。判然兩途。所謂折也子路忠信明決。故言出而人信服之。不待其辭之畢也。慶源輔氏曰。忠信者。折獄之本。明決者。折獄之用。徒明決而不忠信。則無以孚於平昔。徒忠信而不明決。則無以斷於臨時。○覺軒蔡氏曰。忠信所以立於中。明決足以照乎外。忠信則人不忍欺。明決則人不能欺

子路無宿諾

宿。留也。猶宿怨之宿。急於踐言。不留其諾也。記者因夫子之言而記此。以見形甸反子路之所以取信於人者。由其養之有素也。慶源輔氏曰。片言折獄。非可以取辦於言也。所以養其言之所自發者。必有其素。而人之信已在於未言之前也○尹氏曰。小邾射射音亦。小邾大夫名以句繹奔魯。句繹。音溝亦。地名曰。使季路要平聲我。吾無盟矣。千乘去聲之

國不信其盟，而信子路之一言。其見信於人可知矣。左傳哀公十四年，小邾射以句繹來奔，曰：「使季路要我，吾無盟矣。」使子路，子路辭。季康子使冉有謂之曰：「千乘之國，不信其盟，而信子之一言，子何辱焉？」對曰：「魯有事於小邾，不敢問故，死其城下可也。彼不臣而濟其言，是義之也。由弗能。」一言而折獄者，信在言前，人自信之故也。不留諾，所以全其信也。勉齋黃氏曰：人惟忠信也，不惟可以通天下之務，而又可以釋天下之疑。苟無忠信誠慤之心以莅之，則吾心膠擾昏惑，既無以察人之情偽，吾以詐御彼，彼亦以詐應之，又安能片言而服人哉。故片言折獄，而實之以無宿諾也。

○子曰：「聽訟，吾猶人也。必也使無訟乎！」

范氏曰：「聽訟者，治其末，塞其流也。正其本，清其源，則無訟矣。」○楊氏曰：「子路片言可以折獄，而不知以禮遜爲國則未能使民無訟者也。故又記孔子之言。以見形甸反聖人不以聽訟為難。而以使民無訟為貴南軒張氏曰。夫人之所以至於爭訟者必有所由。而能於其本而正之。則訟可無也。記者以此承上章。有以見仲由之道為未弘也。○新安陳氏曰。聽訟者。決民之爭。無訟者。躬行化民而民自不爭。無訟可聽。非禁之使然。默化潛孚若使之耳

○子張問政。子曰。居之無倦。行之以忠。

居。謂存諸心。無倦則始終如一。行。謂發於事。以忠則表裏如一。朱子曰。居之無倦。在心上說。行之以忠。在事上說。居之無倦者。便是要此心長在做主。不放倒便事事都應得去。行之以忠者。是事事要著實。故集註云以忠則表裏如一。謂心裏要如此。便外面也如此。事事靠實做去也。○行。固是行其所居。居。是常常恁地提省在這裏。若有頃刻放倒。便不得。○新安陳氏曰。居。如居敬之居。存諸心。立其本也。行。如行簡之行。發於事。達諸用也。○程子曰。子張少仁。無

誠心愛民，則必倦而不盡心，故告之以此。慶源輔氏曰：不曰不仁而曰少仁，正與曾子然而未仁之說同。聖人不輕絕人以不仁，況子張乎。惟其少仁，故慘怛之意不足而無誠心愛民也。○新安陳氏曰：少仁，或謂其未仁，或謂難與並為仁可見矣。政以治民，故以少仁言其政之無本，以無愛民言其政之不足於用。無誠心，其病源也。不息之謂誠，始如是終不如是，則非不息之誠矣。不欺之謂誠，表如是裏不如是，則非不欺之誠矣。宜夫子以無倦以忠藥子張之病也。○雙峯饒氏曰：此論為政之心，不說為政之條目。若為政之條目，子張想已熟講而知之矣。○陳氏用之曰：孔子於子張，兼無倦與忠而教之；若子路，則教之以無倦而已。○厚齋馮氏曰：子路勇於有行，慮其不能繼也；子張多浮少實，易於始，勤終怠，故竭兩端而告之。

○子曰：博學於文，約之以禮，亦可以弗畔矣夫。

重出。已見雍也篇，但彼有君子二字。

○子曰君子成人之美不成人之惡小人反是

成者誘掖獎勸以成其事也雲峯胡氏曰誘掖以迎之於未成之先獎勸以作之於將成之際君子小人所存既有厚薄之殊而其所好去聲又有善惡之異故其用心不同如此胡氏曰所存以心言所好以情言君子存心本於厚故待人亦厚而惟恐人之不厚小人存心本於薄故待人亦薄而惟恐人之不薄也君子之所好在於善故己有是善而亦欲人之趨於善小人之所好在於惡故己有是惡而亦欲人之濟其惡○南軒張氏曰君子充其忠愛之心於人之美其樂之如在己也從而扶持之又從而勸獎之惟欲其美之成也於人之惡則從而正救之正救之不可則哀矜之惟患其惡之成也君小人則以刻薄爲心幸人之有過而疾人之勝己非徒坐視其入於惡又從而濟之非徒欲其美之不成又從而毁之君子小人之所操存未嘗不相反也○勉齋黄氏曰小人成人之惡謂迎合容養以成其爲惡之事也不成人之美忌克詆毁使不得成其善也○鄭氏舜

轝曰。君子視人之善猶己之善。故開導誘掖以成之。視人之惡猶己之有疾。故規戒掩覆以止之

○季康子問政於孔子。孔子對曰。政者正也。子帥以正。孰敢不正

范氏曰。未有己不正而能正人者慶源輔氏曰。政之所以得名。以其能以正己者正人也。己不能正。焉能正人哉。○新安陳氏曰。此以通行之理言。圈下以當時之事言○胡氏曰。魯自中葉。中世也政由大夫。家臣效尤。據邑背音佩叛。不正甚矣。故孔子以是告之。欲康子以正自克而改三家之故。故。謂從前所爲惜乎康子之溺於利欲而不能也吴氏曰。書曰表正萬邦。上者表也。下者影也。表正則影正矣。政之義無切於此。論語記康子問政者二章。問患盜使民各一章夫子荅之。皆使之反躬自治而已。蓋道理不越如是。此外更無別法也。○雲峯胡氏曰。集註釋爲政章政字實

本於此

○季康子患盜問於孔子孔子對曰苟子之不欲雖賞之不竊

言子不貪欲則雖賞民使之爲盜民亦知恥而不竊慶源輔氏曰上者下之倡在上者不貪欲則民之視之亦知以是爲貴矣民知以不貪欲爲貴則雖賞以誘之使爲盜竊而其心愧恥自不肯爲之矣尚何盜之患哉所謂雖賞之不竊乃假設之言以見民之必不肯爲耳○胡氏曰季氏竊柄盜魯國柄康子奪嫡民之爲盜固其所也盍亦反其本邪俗作耶孔子以不欲啓之其旨深矣奪嫡事見形甸反春秋傳左傳哀公三年季孫有疾命正常桓子之寵臣曰無死欲付以後事故敕令勿從巳死南孺子之子男也則以告而立之南孺子季桓子之妻若生男則告公而立之女也則肥也可康

子名肥季孫卒。康子即位。既葬。康子在朝。南氏生男。正常載以如朝告曰。夫子有遺言命其圉臣曰。南氏生男則以告於君與大夫而立之。今生矣。男也。敢告。遂奔衛。康子請退。退。辭位也。公使共劉魯大夫視之。則或殺之矣。乃討之。討殺者召正常。正常不反。畏康子也○厚齋馮氏曰。夫謂非其有而取之者。盜也。欲心一萌。非其有若必將取之。嫡位可奪也。國政可專也。民獨不為盜乎○雲峯胡氏曰。盜生於欲。康子。魯之大盜也。夫子答其患盜之問。不直曰苟子之不盜。其辭婉而意深矣。上下三章當通看。不欲。正也。欲善。亦正也。使康子務其欲利之心以欲善。民豈特不為盜。而且皆為善矣。此所謂帥以正而民無不正也

○季康子問政於孔子曰。如殺無道。以就有道。何如。孔子對曰。子為政。焉用殺。子欲善而民善矣。君子之德風。小人之德草。草上之風必偃。焉於虔反

為政者。民所視效。何以殺為。欲善則民善矣。上一作尚

加也。偃仆音赴也。南軒張氏曰。在上者志存於殺。則固已失長人之本矣。烏能禁止其惡乎。欲善之心純篤。發見於政教之間。則民將率從丕變。如風之所動。其孰有不從者。然則民之所以未之從者。則吾欲善之誠不篤而已。○汪氏曰。康子欲殺惡人以成就善人。夫子則欲化惡人亦為善人。意謂上之所欲者善。非特不待於殺。自化惡為善矣。集註以一則字代本文而字。而意深切著明。最宜著眼玩味。○尹氏曰。殺之為言。豈為人上之語哉。以身教者從。以言教者訟。二句見後漢書第五倫傳而況於殺乎。西山真氏曰。民性本善。為上者以善迪之。未有不趨於善者。○厚齋馮氏曰。康子三問雖非必一時之語。然其意蓋相屬也。夫子所答。皆自其身而求之。○吳氏曰。書君陳曰。爾惟風。下民惟草。風、草之諭本此。康子殺心如火始然。夫子以清泠之水沃之。有人心者宜於此焉變矣

○子張問士何如斯可謂之達矣

達者。德孚於人而行無不得之謂問達為所行通達。何也。朱子曰。其在邦也。

事上則獲於上。治民則得乎民。其在家也。父母安其孝兄弟悅其友。凡吾之見於行者。莫不通達而無所繫礙焉。斯可謂之達矣

子曰。何哉爾所謂達者

子張務外。夫子蓋已知其發問之意。故反詰（喫吉反）之。將以發其病而藥之也

子張對曰。在邦必聞。在家必聞

言名譽著聞也

子曰。是聞也。非達也

聞與達相似而不同。乃誠僞之所以分。學者不可不審也。故夫子既明辨之。下文又詳言之。雙峯饒氏曰。聞是求聞於人。達是人

自信己

夫達也者質直而好義察言而觀色慮以下人在邦必達在家必達夫音扶下同好下皆去聲

內主忠信而所行合宜審於接物而卑以自牧皆自脩於內不求人知之事然德脩於己而人信之則所行自無窒礙矣慶源輔氏曰主忠信質直也所行合宜好義也此存乎中以應乎外也審於接物察言觀色也卑以自牧慮以下人也此審乎外以與乎內外交相養而厥德脩罔覺此豈求人知者之所爲哉然德脩於己而人自信之則行於邦家者自然無所窒礙矣○朱子曰質直只是無華僞質是朴實直是無偏曲○質直好義便有觸突人底意思到得察言觀色慮以下人便又和順低細不至觸突人矣慮謂思之詳審常常如此思慮恐有所不知覺也聖人說話都如此周編詳密○質與直是兩件質就資性上說直漸就事上說

到得好義。又在事上。直固是一直做去。然至於好義。則事事區處要得其宜。這一項都是詳細功夫○察人之言觀人之色。乃是要驗吾之言是與不是。今有人自任己意說將去。更不看人之意是信受他還不信受他。如此。則只是自高。更不能謙下於人。實去做工夫也。大抵人之爲學須是自低下做將去。纔自高便不濟事○察言觀色。只是察人言觀人色。若照管不及。未必不以辭氣加人。此只做自家工夫不要人知。旣有工夫。以之事親則得乎親。以之事君則得乎君。以之交朋友而朋友信。雖蠻貊之邦行矣。此是在邦在家必達之理。子張只去聞處著力。聖人此語正中其膏肓。質直好義等處專是就實。色取仁而行違專是從虛○雙峯饒氏曰。質直忠信底人固難得。但亦有直情徑行。不去隨事裁度而所行容有不合宜處。故忠信又要合義。察言觀色慮以下人。是一件事。子張常愛居人上。故告以謙退詳審之意

夫聞也者。色取仁而行違。居之不疑。在邦必聞。在家必聞。行去聲

善其顔色以取於仁。而行實背（音佩）之。又自以爲是而無所忌憚。此不務實而專務求名者。故虛譽雖隆而實德則病矣。朱子曰。聞者是箇做作底。專務放出外求人知而已。如色取仁而行違。便是不務實而專務外。居之不疑。便是放出外而收斂不得。只得自擔當不放退。此其所以駕虛名而無實行也。○色取仁而行違。不惟是虛有愛憐之態。如正顔色而不近信。色厲而內荏。皆色取仁而行違也。○色取仁而行違。居之不疑。這只是粗暴將去。專以大意氣加人。子張平日是這般人。故孔子正救其病。此章大意出不得一箇是名。一箇是實。呂氏謂德孚於人者必達。矯行求名者必聞。此說却好。○慶源輔氏曰。使其色取行違而中不安焉。則務實之心猶未盡喪也。惟其自以爲是而無所忌憚。此見其專務於名。夫名生於實。則名亦何害。惟無實而徒有虛譽。則驕矜之意日生。而進脩之力日怠矣。二者雖若相似。然所行通達者。名譽自然著聞。名譽著聞者。所行未必通達。其實有不同如此。○雙峯饒氏曰。色取仁之色。與觀色之色不同。觀色專主顔色言。色取說得闊。凡發出來可見處皆是色。色者見於外。行者行於己。見於外者皆似合於仁。撿點他行己處却不實。只是欺人而已。居之不疑。示人以不疑也。此乃求名之人要人信己。故自居之不疑。若自居於疑。又誰信之○齊氏曰。以質對色。則一真一假。以直對違。則一順一逆。質直者。內有餘而外自見。色取仁而行違者。外若有而內實無也○雲峯胡氏曰。聞者病在取字。凡物在外則可取。仁者吾心之所固有。若曰可取。即是在外而不在內矣○程

子曰。學者須是務實。不要近名。有意近名。大本已失。更學何事。爲去聲下同名而學。則是僞也。今之學者大抵爲名。爲名與爲利雖清濁不同。然其利心則一也。慶源輔氏曰。程子務實務名之論。可謂切當。爲吾之未能事親也。故學事親。爲吾之未能事長也。故學事長。爲吾之未能正心誠意也。故學正心而誠意。爲吾之未能齊家治國也。故學齊家而治國。是之謂務實。務實而學。則其脩爲之誠。踐履之功。循序而進。忽不自知其入於聖賢之域矣。欲吾之有孝名也。故勉焉以爲孝。欲吾之有忠名也。故勉焉以

爲忠。欲吾之有廉名也故勉焉以爲廉。欲吾之有信名也故勉焉以爲信是之謂務名。務名而學。則惟欲其名之有聞而已。所謂大本。即實理也。實理根於性。具於心。要在反求而自得。學有向外近名之意。則失之矣。爲名而學則是僞者。謂其不循實理而騖外妄求也。爲名雖若清。爲利雖是濁。然一有爲之之意。則便是利心也

尹氏曰。子張之學。病在乎不務實。故孔子告之皆篤實之事。充乎內而發乎外者也。當時門人親受聖人之教而差失有如此者。況後世乎

○樊遲從遊於舞雩之下。曰敢問崇德脩慝辨惑慝吐得反

胡氏曰。慝之字從心從匿。蓋惡之匿於心者。脩者治而去之上聲 新安陳氏曰。惡之形於外者易見。匿於心者難知。乃惡之根也

子曰善哉問

善其切於爲己。爲，去聲。

先事後得，非崇德與？攻其惡，無攻人之惡，非脩慝與？一朝之忿，忘其身以及其親，非惑與？與，平聲。

先事後得，猶言先難後獲也。爲所當爲而不計其功，則德日積而不自知矣。○慶源輔氏曰：先難，謂先從事於其所難；後獲，謂後其所得，而不起計獲之心也。夫爲所當爲，本非難事，然自學者言之，則自惰而勤，自利而義，其機生，其勢矯，非勉强則有所不能，故以爲難也。爲其事者固必有其功，然方其爲事之始而遽欲計其功焉，則是利心也。爲利之心一萌，則其大本已失，易盈易涸，輕得輕喜，尚何德之可崇哉？故必爲所當爲而不計其功，則不亟不徐，循吾理，行吾義而已。此所以德日積而不自知也。○朱子曰：今人做事，未論此事當做不當做，且先計校此事有甚功效。既有計校之心，便是專爲利而做，不復知事之當爲矣。德者，理之得於心者也。凡人若能知所當爲而無爲利之心，這意思便自高遠。纔爲些小利害討些小便宜。這意思便卑下了。所謂崇者。謂德自此而愈高也。○問先事後得。莫是因樊遲有計較功利之心。故如此告之。曰。此是後面道理。而今且要知先事後得如何可以崇德。蓋做合做底事。便純是天理。纔有一毫計較之心。便是人欲。若只循箇天理做將去。德便自崇。纔有人欲。便這裏做得一兩分。却那裏缺了一兩分。這德便消削了。如何得會崇。聖人千言萬語。正要人來這裏看得破 專於治己而不責人。則己之惡無所匿矣。朱子曰。須截了外面他人過惡。只去自檢點。方能自攻其惡。若纔檢點他人。自家這裏便疎。心便麄了。○慶源輔氏曰。常情觀人則明。自觀則暗。責人則嚴。自責則輕。故惡常藏匿於心。纔有心去攻人之惡。則於己之惡便鹵莽而不暇鉏治矣 知一朝之忿爲甚微。而禍及其親爲甚大。則有以辨惑而懲其忿矣。慶源輔氏曰。人本無惑。惟爲忿所蔽。而不知利害之所在。故惑。蓋忿心之發易突兀而橫肆。苟不懲之於始。則終或至於忘身及親。此 樊遲麤亦作麄作粗鄙近利。故辨惑者所以當懲其忿也告之以此三者。皆所以救其失也雙峯饒氏曰。近利則有計較之心而不能先事後得。鄙則吝於責己。粗則暴戾而不能忍小忿。故夫子因其病而藥之○范氏曰。先事後得。上義而下利也。人惟有利欲之心。故德不崇。惟不自省悉井反己過而知人之過。故慝不脩。感物而易去聲動者莫如忿。忘其身以及其親。惑之甚者也。惑之甚者必起於細微。能辨之於早。則不至於大惑矣。故懲忿所以辨惑也新安陳氏曰。自治其惡與自懲其忿。皆崇德所當爲之事。乃其目也○問子張樊遲問同答異何也。朱子曰。子張矜夸不實底人。故告以收斂著實做工夫。平日喜怒必有過當。故告以欲人生死之事。樊遲以請學稼圃及夫子答問觀之。是鄙俗粗暴底人。皆是隨其失而告之

○樊遲問仁。子曰。愛人。問知。子曰。知人。上知字去聲下同

愛人。仁之施。知人。知（去聲。下文知也、知者、言知、仁知並同）之務。（問愛人知人是仁知之用。聖人何故但以仁知之用、告樊遲。却不告以仁知之體。朱子曰。體與用雖是二字。本末未嘗相離。用即體之所以流行者也）

樊遲未達

曾氏曰。（曾氏名幾。字吉甫。河南人）遲之意。蓋以愛欲其周。而知有所擇。故疑二者之相悖（音佩）耳。（朱子曰。愛人則無所不愛。知人則便有分別。兩箇意思自相反了。故疑之）

子曰。舉直錯諸枉。能使枉者直。

舉直錯（倉故反）枉者。知也。使枉者直。則仁矣。如此。則二者不惟不相悖。而反相爲用矣。（朱子曰。每常說仁知。一箇是慈愛。一箇是辨別。各自向一路。唯是舉直錯諸枉。能使枉者直。方見得仁知合一處。仁裏面有知。知裏面有仁○愛人知人。自相爲用。若不論直枉。一例去愛他也。不得。大抵唯先知了。方能頓放得箇仁。聖人只此二句自包上下。後來子夏所言皆不出此兩句意思。所以爲聖人之言也○雙峯饒氏曰。樊遲問仁知是二者平說。夫子亦平答之。及再答以使枉者直二句。方是串說仁知。問夫子之言何獨歸重於知。曰。雖歸重在知。然此心所以舉直錯諸枉依舊是從仁上發來。盖直者此心天理之公。能舉直則是發此天理之公是亦仁也。直枉專指人而言。諸。衆也。謂衆人之枉者。即下文選於衆之意

樊遲退見子夏曰。鄉也吾見於夫子而問知。子曰。舉直錯諸枉。能使枉者直。何謂也鄉去聲見賢偏反

遲以夫子之言專爲知者之事。又未達所以能使枉者直之理未曉能使枉者直之兼言仁

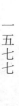

子夏曰。富哉言乎

歎其所包者廣。不止言知。新安陳氏曰。一言而該仁知。故曰富哉

舜有天下。選於衆。舉皋陶。不仁者遠矣。湯有天下。選於衆。舉伊尹。不仁者遠矣選息戀反。陶音遥。遠如字

伊尹。湯之相去聲也。不仁者遠。言人皆化而爲仁。不見有不仁者。若其遠去爾。所謂使枉者直也。子夏蓋有以知夫子之兼仁知而言矣慶源輔氏曰。子夏一聞其說。便歎聖人之言所包者富。不墮於一偏。不滯於一隅。即知人之中以見愛人之實。推乎知之用。以極乎仁之功。其於仁知之體用。蓋已深體而默識之矣。不然。何其言之明決精審。沛然無疑。而暗與聖人之言相發乎。○新安陳氏曰。選於衆而舉皋陶伊尹。此知人之知。所謂舉直錯枉也。不仁者皆化爲仁。即愛人之仁。能使枉者直矣。夫子二語。已包子夏之意。子夏

之言益發明夫子之旨。遲問於師又問於友。其問之弗知弗措者歟。○程子曰。聖人之語因人而變化。雖若有淺近者。而其包含無所不盡。觀於此章可見矣。非若他人之言。語近則遺遠。語遠則不知近也。雙峯饒氏曰。此章愛人知人。是仁知之淺近處。包含無所不盡。則深者遠者亦在其中。深遠。即枉者化爲直處。尹氏曰。學者之問也。不獨欲聞其說。又必欲知其方。不獨欲知其方。又必欲爲其事。如樊遲之問仁知也。夫子告之盡矣。樊遲未達。故又問焉。而猶未知其何以爲之也。及退而問諸子夏。然後有以知之。使其未喻。則必將復扶又反問矣。既問於師。又辨於友。當時學者之務實也如是。雲峯胡氏曰。知人愛人。是分言知仁之用。舉直錯諸枉。能使枉者直。是合言知仁之相爲

用。蓋仁包義禮知。仁之中自有知。知藏仁義禮知之中自有仁。知仁本相爲體用。故見於舉錯之際知仁又自相爲體用也

〇子貢問友。子曰。忠告而善道之。不可則止。無自辱焉。告工毒反道去聲

友所以輔仁。故盡其心以告之。善其說以道之。然以義合者也。故不可則止。若以數音朔而見疏。子游曰朋友數斯疏矣則自辱矣。〇朱子曰。告之之意固是忠了。須又教道得善始得

雙峯饒氏曰。忠告者。盡此心之誠。既誠矣。不能善其辭說以道之。恐其未能從。二者俱盡而彼不從。然後宜止。未能忠且善焉而遽然告之道之。遽以彼不從而止。則是在我者猶未盡。便欲責人。非交友之道也。〇齊氏曰。善道者。心平氣和。語明意盡。或從容深遠而有餘味。或清切簡當而可深思。大率欲伸己意而聞者不忤也。如此而猶不見省。數必取疏。知進退者所不爲也。

然則非忠告之難。而善道之、爲不易爾。○勿軒熊氏曰。忠告。是心盡忠。善道。是言盡善。內外皆兼到

○曾子曰。君子以文會友。以友輔仁。

講學以會友。則道益明。取善以輔仁。則德日進。慶源輔氏曰。爲仁由己。朋友但能輔助我以爲仁而已。○覺軒蔡氏曰。以文會友。致知之方。以友輔仁。力行之事。○新安陳氏曰。人之講學脩德。皆有資於朋友。旣資朋友以講學而致其知。尤資朋友以輔仁而力於行。則學進而德亦進。朋友爲吾知行之助如此。其斯所謂益友乎。○東陽許氏曰。爲仁而不取友以爲輔。則有孤陋寡聞之固。會友而不以文。則有羣居終日言不及義之失。○雲峯胡氏曰。上章友之資於我者。不可無忠告善道之益。此則我之資於友者。賴其講學輔仁之功

論語集註大全卷之十二

論語集註大全卷之十三

子路第十三

凡三十章

子路問政。子曰。先之。勞之。勞如字

蘇氏曰。凡民之行。去聲以身先之。則不令而行。凡民之事以身勞之。則雖勤不怨。朱子曰。先是率他。欲民親其親。必先之以孝。欲民長其長。必先之以弟。勞是爲他勤勞。如循行阡陌。勸課農桑之類。○雙峯饒氏曰。集註以先之爲先其行。勞之爲勞其事。是又分政之本末而言。行者政之本。孝弟忠信之類是也。事者政之末。農畝師役之類是也。行與事雖是分說。其實是政裏面事

請益。曰。無倦。無古本作毋

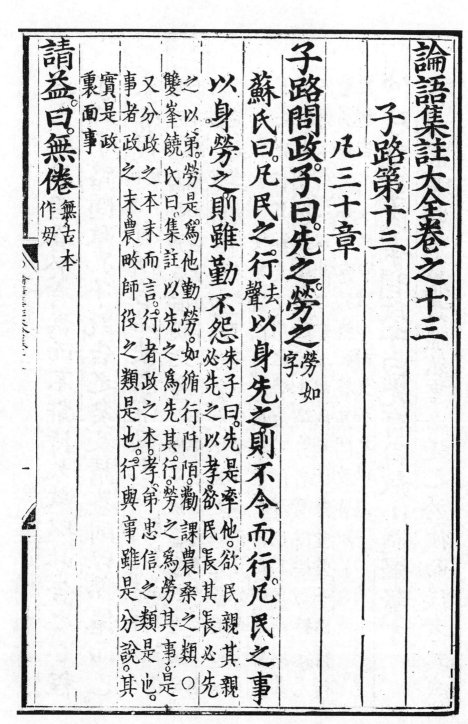

吳氏曰。勇者喜於有爲而不能持久。故以此告之○程子曰。子路問政。孔子既告之矣。及請益。則曰無倦而已。未嘗復扶又反有所告。姑使之深思也朱子曰。勞苦亦人之難事。故以無倦勉之○南軒張氏曰。先之勞之。固足以盡爲政之道矣。而子路猶請益焉。則告之以無倦。使之敦篤乎是二者而已○覺軒蔡氏曰。夫子方答以先之勞之。子路遽又請益。則其勇躁之意可見。故但告以無倦。所以救其勇躁之失也○雙峯饒氏曰。大凡事使人爲之則易。身親爲之則憚其難。先之勞之。皆是不便於己底事。所以易倦。故夫子以無倦勉之。況子路勇者。易得始勤終怠。尤不容不告之以此○雲峯胡氏曰。子張堂堂。子路行行。皆易銳於始而怠於終。故答其問政。皆以無倦告之。子張少誠心。故又加之以忠

○仲弓爲季氏宰。問政。子曰。先有司。赦小過。舉賢才

有司。衆職也。宰兼衆職。然事必先之於彼。而後考其成

功。則已不勞而事畢舉矣。朱子曰。先有司。而後紀綱立而責有所歸。○凡爲政。隨其小大各有有司。須先教他理會。自家方可要其成。且如錢穀之事。其出入盈縮之數。須是教他逐一自具來。自家方可考其虛實之成過。失誤也。大者於事或有所害。不得不懲。小者赦之。則刑不濫而人心悅矣。賢。有德者。才。有能者。舉而用之。則有司皆得其人而政益脩矣新安陳氏曰黃氏饒氏云。先有司一句是總腦。赦小過。舉賢才。皆承先有司而言。宰。家臣之長。其爲政之要。當以分任有司爲先。旣先有司矣。赦有司之小過。故常人可以自勉。舉有司之賢才。故非常之才可以自見。推此心也。豈但爲季氏宰而已。范氏以爲舉在位之賢才。蘇氏以爲舉未用之賢才。須兼言。其義方備。有司中才德有餘而位不足稱者。固當舉而進之上位。如有司之才德不稱其職。則又當別舉有才德者充之。如此。方說得舉賢才規模闊。若專說舉有司之賢才則狹矣曰。焉知賢才而舉之。曰。舉爾所知。爾所不知。人其舍諸。焉於虔反。舍上聲。

仲弓慮無以盡知一時之賢才。故孔子告之以此。程子曰。人各親其親。然後不獨親其親。新安陳氏曰。各親其親及人不獨親其親。二句本出記禮運。程子引以爲喻。若曰人各舉其所知之賢才。然後不獨舉其所知之賢才。仲弓曰。焉知賢才而舉之。子曰。舉爾所知。爾所不知。人其舍諸。便見仲弓與聖人用心之大小。推此義。則一心可以興邦。一心可以喪邦。喪去聲邦只在公私之間爾。朱子曰。仲弓只緣見識未極其開闊。故如此。人之心量本自大。緣私故小。蔽固之極。則可喪邦矣。○人各舉其所知。則天下之事無不舉矣。不患無以知天下之賢才也。興邦喪邦。蓋極言之。然必自知而後舉之。則遺才多矣。未必不由此而喪邦也。程子之意。固非謂仲弓有固權市恩之意而至於喪邦。但一蔽於小。則其害有時而至此。亦不爲難矣。故極言之。以警學者用心之私也。○雙峯饒氏曰。仲弓之心不如聖人之廣大。仲弓以自己聰明爲聰明。故有焉知賢才之問。聖人則以天下之耳目爲耳目。故說舉爾所知。爾所不知人其舍諸。如仲弓之言。則局於所知之有限。如聖人之言。則未嘗求以盡知。自無往而不知。雖合天下之賢才舉而用之可也。

○范氏曰。不先有司。則君行臣職矣。不赦小過。則下無全人矣。不舉賢才。則百職廢矣。失此三者。不可以爲季氏宰。況天下乎。

慶源輔氏曰。范氏蓋經筵勸講之說。所以推廣其理以感切君心者至矣。○蘇氏曰。有司旣立。則責有所歸。然當赦其小過。則賢才可得而舉也。惟庸人與姦人爲無小過。張禹、李林甫、盧杞是也。若小過不赦。則賢者避罪不暇。而此等人出矣。○吳氏曰。仲弓、子貢、子路、冉有皆事季氏。仲弓、子貢。夫子未嘗責之。子路之責。又不若冉有之甚。此可以見其優劣矣。惜乎四子不能如閔子之辭。而閔子又不若顏子之賢。而康子不得而知也。嗟乎。

若淵騫者。其孔門之超絕者乎

○子路曰。衛君待子而為政。子將奚先

衛君謂出公輒也。是時魯哀公之十年。孔子自楚反乎衛

子曰。必也正名乎

是時出公不父其父而禰乃禮反其祖。新安陳氏曰。蒯聵乃輒之父也。蒯聵欲入君衛。而輒拒之。是不父其父。父廟曰禰。輒繼靈公。是禰其祖名實紊音問矣。故孔子以正名為先。謝氏曰。正名雖為去聲衛君而言。然為政之道皆當以此為先吳氏曰。凡事皆有名。不可不正。亦不特衛輒父子為然。○齊氏曰。祖非禰也而禰之。父非讎也而讎之。無父之人非君也而君之。名之不正。孰大於是

子路曰。有是哉。子之迂也。奚其正。

迂。謂遠於事情。言非今日之急務也。厚齋馮氏曰。禮莫大於分。分莫大於名。夫子正名之論。蓋不與輒也。時輒已立十二年矣。子路之所謂迂者。蓋爲輒也。

子曰。野哉由也。君子於其所不知。蓋闕如也。

野。謂鄙俗。責其不能闕疑。而率爾妄對也。

名不正。則言不順。言不順。則事不成。

楊氏曰。名不當其實。則言不順。言不順。則無以考實而事不成。新安陳氏曰。集註於正名。名不正。凡三以實字言。前云名實紊。此云名不當其實。又云無以考其實。蓋名當其實。則名正。名不正。名者實之賓。實者名之主也。實字於名最緊切。○問言與事似不相干涉。朱子曰。如一人被火。急取水來救。始得。却教他取火來。此便是言不順。如何得事成。○輒以兵拒父。以父爲賊。是多少不順。其何以爲國。何以臨民○雙峯饒氏曰。夫子謂必也正名。是事事皆要正名。君臣父子。固是正名中之大者。然不可專指此。大凡一事才不正名。便開口有礙。說不去了。既說不去。如何行得去○吴氏曰。名正言順。即下文禮樂之本。名正。禮也。言順。樂也

事不成。則禮樂不興。禮樂不興。則刑罰不中。刑罰不中。則民無所措手足。中去聲

范氏曰。事得其序之謂禮。物得其和之謂樂。事不成。則無序而不和。故禮樂不興。禮樂不興。則施之政事皆失其道。故刑罰不中。朱子曰。事不成。以事言。禮樂不興。以理言。蓋事不成。則事上面都無道理了。說甚禮樂○大凡事須要節之以禮。和之以樂。事若不成。則禮樂無安頓處。禮樂不興。則無序不和。如此刑罰安得不顛倒○慶源輔氏曰。無一事無禮樂。禮只是一箇序。樂只是一箇和。事成而有序。則禮樂自興。不然

則隳壞乖舛。又烏得有禮樂哉。禮樂不興。則凡施於政事者無非私意。率皆倒行逆施。無序而不和。所謂刑罰不中而民無所措手足。亦必然之理也。○吳氏曰。此禮樂非玉帛鐘鼓之謂。事事物物得其理而後和之謂也。名不正。言不順。則事物之間顛倒乖戾。禮樂何由而起乎。事失其理而不和。故慶賞刑威無一中節。獨言刑罰者。賞過則濫。利及小人。刑過則淫。禍及君子。舉其害之重者言之。刑罰所及非不善之人。則民莫知趨避之路矣。將安所置其手足乎。自名不正推而至於民無所措手足。聖人洞燭事情。深達治體如此

故君子名之必可言也。言之必可行也。君子於其言無所苟而已矣

程子曰。名實相須。一事苟。則其餘皆苟矣 新安陳氏曰。名。指名之言。實。指可行言。謂行事之實也。一事苟。謂言之苟。其餘皆苟。謂事不成。禮樂不興。刑罰不中也。夫子所謂名不正以下。是反說。名之必可言。照應前面名不正則言不順。言之必可行。照應前面言不順則事不成。此是正說。言

無所茍叉反說從名正言順來。蓋於言茍且。即是名不正言不順。其餘必無往而不茍且矣○胡氏

曰。衛世子蒯告怪反聵五怪反恥其母南子之淫亂。欲殺之。

不果而出奔。左傳定公十四年。衛侯爲夫人南子本宋女召宋朝。宋公子太子蒯聵過宋野。野人

歌之曰。既定爾婁豬。求子豬也。喻南子盍歸吾艾豭。艾老也。豭。牡豕也。喻宋朝。太子羞之。謂戲許宜反陽速曰。

太子家臣從我而朝少君。少君見我。我顧。乃殺之。速曰諾。乃朝夫人。夫人見太子。太子三顧。速不進。夫人見其

色。啼而走。曰。蒯聵將殺余。公執其手以登臺。太子奔宋。盡逐其黨靈公欲立公子郢。以井

反靈公次子郢辭。公卒。夫人立之。又辭。乃立蒯聵之子輒。以

拒蒯聵。左傳哀公二年。初衛侯游於郊。子南僕。郢御車公曰。余無子。蒯聵奔將立女。對曰。郢不足以辱

社稷。君其改圖。衛靈公卒。夫人曰。命公子郢爲太子。君命也。對曰。郢異於他子。言用意不同且君沒於吾手。若

有之。郢必聞之。且亡人之子輒在。乃立輒。晉趙鞅納衛太子于戚夫音扶蒯聵欲殺母得

罪於父。而輒據國以拒父。皆無父之人也。其不可有國也明矣。夫子爲政。而以正名爲先。必將具其事之本末。告諸天王。請于方伯。命公子郢而立之。則人倫正。天理得。名正言順而事成矣。夫子告之之詳如此。而子路終不喻也。故事輒不去。卒死其難。去聲。下同 徒知食焉不避其難之爲義。而不知食輒之食爲非義也。問胡氏說使孔子得政。則是出公用之。即謀逐之。此豈近於人情。意夫子果仕衛。必以父子大倫明告出公。使自爲去就。而後立郢之事可議也。朱子曰。此說得之。但聖人之權亦必有非常情所可測度者。○問胡氏只是論孔子爲政正名合當如此設。若衛君輒用孔子。孔子既爲之臣。則此說亦可通否。曰。聖人必不肯北面無父之人。若輒有意改過遷善。則夫子須先與斷約如此做。方與他做。若輒不能然。則夫子決不爲之臣矣。○子路爲人粗。於精微處多未達。令下仕衛。便不是了。孔悝即出公之黨。他不以出公爲非。故其事悝自以爲善而爲之。而不知其非義。宜其以正名爲迂也。○雙峯饒氏曰。集註引胡氏說。蓋以其辭嚴義正。可爲萬世綱常作主。使亂臣賊子知所警懼。故特著之。若眞欲行此。須是孔子爲衛世卿而有權力。當靈公初死輒未立之時。爲之則可

○樊遲請學稼。子曰。吾不如老農。請學爲圃。曰。吾不如老圃。

種五穀曰稼。種蔬菜曰圃。朱子曰。役智力於農圃。內不足以成己。外不足以治人。是濟甚事。○新安陳氏曰。兩言吾不如。雖不顯闢之。已婉拒之矣

樊遲出。子曰。小人哉樊須也。

小人。謂細民。孟子所謂小人之事者也。新安陳氏曰。此小人。是以位而言者。下文集註云。禮義信大人之事也。是自此小人上推廣而對言之。南軒曰。孟子所謂有大人之事。有小人

之事。正本此意○問古之聖賢若大舜伊尹皆躬耕畎畝習農圃事。何聖人深斥樊遲。潛室陳氏曰遇此時則習此事。遊聖人之門所學者何事

上好禮則民莫敢不敬。上好義則民莫敢不服。上好信則民莫敢不用情。夫如是則四方之民襁負其子而至矣。焉用稼。好去聲夫音扶襁居丈反焉於虔反

禮義信大人之事也。好義則事合宜。情誠實也。敬服用情蓋各以其類而應也。襁織縷為之以約小兒於背者。慶源輔氏曰在己者皆盡其道在下者各以其類應之所謂正己而物正者非大人之德其孰能之○雙峯饒氏曰居大人之位有大人之德四方之民自歸之而為之耕稼豈必自耕稼哉○楊氏曰樊須遊聖人之門而問稼圃志則陋矣辭而闢之可也待

其出而後言其非。何也。蓋於其問也自謂農圃之不如。則拒之者至矣。須之學疑不及此而不能問。使其疑。則必問矣不能以三隅反矣。故不復。扶又反下同及其旣出則懼其終不喻也。求老農老圃而學焉。則其失愈遠矣。故復言之。使知前所言者如二不意有在也。勉齋黄氏曰。貧而爲老圃之事亦未爲過者。樊遲之志。豈亦有爲許行之說者而慕之歟。故夫子以大人之事告之

○子曰。誦詩三百。授之以政。不達。使於四方。不能專對。雖多亦奚以爲。使去聲

專。獨也。詩本人情。該物理。可以驗風俗之盛衰。見政治去聲之得失。其言溫厚和平。長於風去聲諭。故誦之者必達

於政而能言也問誦詩三百何以見其必達於政朱子曰其中所載可見如小夫賤隸閭巷之門至鄙俚之事君子平日耳目所不曾聞見者其情狀皆可因此而知之而聖人所以脩德於己施於事業者莫不悉備於其間所載之美惡讀誦而諷詠之如是爲善如是而爲惡吾之所以自脩於身者如是是合做底事如是是不合做底事待得施以治人如是而當賞如是而當罰莫不備見如何於政不達若人讀詩而不達於政則是不曾讀也又問如使四方必能專對曰於詩有得必是於應對言語之間委曲和平○胡氏曰詩之作也有邪有正皆原於人情其所言於事物之理莫不具載其情合事理之正則可以知風俗之盛政治之得其情背事理之正則可以知風俗之衰政治之失故誦詩而有得則可以達於政矣詩之言溫厚則不至於薄和平則不至於訐長於風諭則人易曉故誦詩而有得則能言語○雙峯饒氏曰詩本人情人情有好有惡讀詩而有得則知人情之所好者在甚處所惡者在甚處得之於心施之於政則必能順民之所好而違其所惡其政無不善矣是之謂達詩之言辭多宛曲風諭而不直致使者所以傳君命措辭最難才委、靡則流於弱而取侮於人。才剛直。則又恐激怒而貽禍於國。若能善其辭命婉正得體。不辱君命。非誦詩而有得於詩人命辭之體者不能也。春秋諸國往來多尚辭令。故夫子併指此爲讀詩之驗。問專對。曰。使有正有介。正使不能答。則介使助之。如正使自能致辭。不假衆介之助。是謂能專對。達與專對。非誦詩時便思量要如此。誦詩而有得。則自然有此效驗。以訓用。爲字只語助辭。○程子曰。窮經將以致用也。世之誦詩者果能從政而專對乎。然則其所學者章句之末耳。此學者之大患也。程子曰。今人不會讀書。如誦詩三百授之以政不達。使於四方不能專對。既誦詩後。須達於政。能專對。始是讀詩。未讀二南時一似面墻。到讀後便不面墻。方是有驗。大抵讀書只是此法。○問誦詩三百篇人未有不讀者也。而達於政能專對者何其少耶。勉齋黃氏曰。亦視其所以讀之者何如耳。爲人耶。爲己耶。誦說耶。踐行耶。鹵莽耶。精切耶。二者之不同。而能不能判矣。驗之於心。浹洽而通貫。體之於身。切實而專確。則亦奚不能之足患哉。○厚齋馮氏曰。讀書必明其理。明理必達諸用。讀書不明其理。記誦之末學也。明理而不達諸用。章句之腐儒也。子刪詩在晚年。而平日兩言詩三百。則知子之刪去者無幾。特釐正之以系於風雅頌之末云耳。雲峯胡氏曰。習溫柔敦厚之教者。必能爲慈祥豈弟之政。必能爲溫厚和平之言。要之三百篇固多。易三百八十四爻。書五十八篇。禮三千三百。春秋二百四十二年之事。皆多也。窮經而不能致用。皆多而無益者也。舉詩以例其餘爾

○子曰。其身正。不令而行。其身不正。雖令不從

南軒張氏曰。從違之本。不係於令。係於所以示之何如耳。雙峯饒氏曰。身正是身教。令不過言教。以身教者從。以言教者訟

○子曰。魯衛之政。兄弟也

魯周公之後。衛康叔之後。本兄弟之國。而是時衰亂政亦相似。故孔子嘆之。蘇氏曰。是歲魯哀公七年。衛出公五年也。衛之政。父不父。子不子。魯

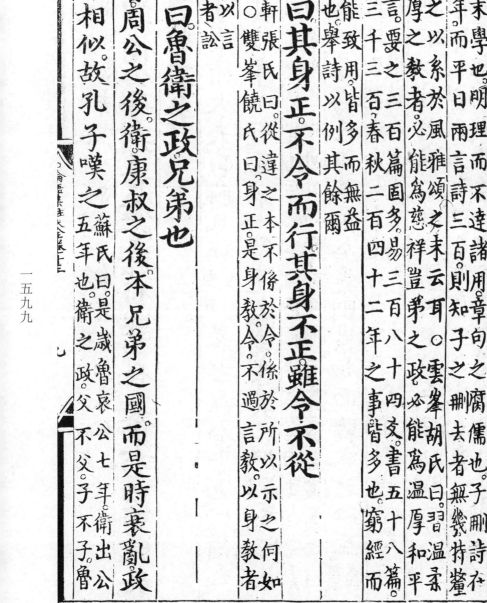

之政。君不君。臣不臣。卒之哀公孫于邾。而死于越。出公奔宋而亦死于越。其不相遠如此

○子謂衛公子荊善居室。始有曰苟合矣。少有曰苟完矣。富有曰苟美矣。

公子荊衛大夫。苟聊且粗坐五反畧之意。合聚也。完備也。言其循序而有節。不以欲速盡美累其心新安陳氏曰。由合而完由完而美。既見其循序漸進而無欲速之心。而其合完美皆曰苟而已。又見其所欲易足而有節。曾無盡美之心。非賢而能之乎○楊氏曰。務爲全美。則累物而驕吝之心生。慶源輔氏曰。居室務爲全美。是爲外物所累。得之則驕心生。失之則吝心生。公子荊皆曰苟而已。則不以外物爲心。其欲易去聲足故也新安陳氏曰。楊氏只於苟字上見有節不盡美之意。不見循序不欲速之意。必如上文朱子之說。則該備矣。○問公子荊善居室也無甚高處

聖人稱善何也。朱子曰。常人居室不極其華麗則墻傾壁倒全不理會。子荆自合而完而美。循循有序而又皆曰苟而已。初不以此累其心。在聖人德盛。此等事皆化了不足言。在公子荆能如此。故聖人稱之。○問公子荆夫子止稱其居室之善如何。曰。此亦姑舉其一事之善而稱之。又安知其他無所長乎。○長樂陳氏曰。士庶之家多循理。世祿之家多怙侈。其勢然也。荆爲衛之公子。善於居室而未始有累焉。此季札所以謂之君子也

○子適衛。冉有僕

僕。御車也

子曰。庶矣哉

庶。衆也

冉有曰。既庶矣。又何加焉。曰。富之

庶而不富。則民生不遂。故制田里。薄賦斂。去聲以富之雙峯

饒氏曰田是所耕之田孟子所謂百畝之田勿奪其時是也里是所居之地孟子所謂五畝之宅樹墻下以桑是也田出穀粟里出布帛有穀粟則不飢有布帛則不寒二者富之之道

曰既富矣又何加焉曰教之

富而不教則近於禽獸故必立學校明禮義以教之雙峯饒氏曰制田里薄賦斂立學校明禮義各是兩事相因田里是富之之原不制田里則衣食無所從出如何可使之富然田里雖制而不薄賦斂則過取於民非藏富於民矣學校是教之之地不立學校則教化無所從施如何可使之知禮義然學校雖設而不明禮義以道之則人心無自而開明學校亦徒設而已所以兩兩相因皆不可廢○南軒張氏曰庶矣則當富富之富矣則當教之聖賢仁民之意無窮而施之爲有序也○新安陳氏曰庶而不富則民雖繁其生而不厚其生富而不教則民雖厚其生而無以養其生庶而富則民生厚富而教則民德正此帝王作之君師之事也後世庶而富之者已少况富而教之者乎○胡氏曰天生

斯民。立之司牧。而寄以三事。慶源輔氏曰。父生。師教。君治。爲三事。○或曰。庶富教是也。然自三代之後。能舉此職者百無一二。漢之文明。唐之太宗。亦云庶且富矣。西京之教無聞焉。前漢文帝都長安。是爲西京。明帝尊師重傳。臨雍拜老。宗戚子弟莫不受學。東漢禮儀志。明帝永平二年三月。上始帥群臣躬養三老五更于辟雍。三老。老人知天地人之事。五更。老人知五行更代之事者。明帝紀。三老。謂李躬年耆學明。五更。謂桓榮授帝尚書也。辟雍。天子之學名。三老五更。皆齊于大學講堂。其日乘輿先到辟雍禮殿。御坐東廂。遣使者安車迎三老五更。安車。坐乘之車。以蒲裹輪。今老者坐而安穩也。天子迎于門屏。交禮。報拜也。道自阼階。三老升自賓階。至階。天子揖如禮。三老升東面。三公設几。九卿正履。天子親袒割牲。執醬而饋。執爵而酳。音胤。漱也。祝鯁在前。祝饐在後。老人食多鯁饐。故置人於前後祝之。使不鯁饐也。五更南面。三公進供。禮亦如之。明日皆詣闕謝恩。以見禮遇大尊顯故也。唐太宗大召名儒增廣生員。唐書儒學傳。貞觀六年。詔罷周公祠。初祀周公爲先聖。至此罷。更以孔子爲先聖。顏氏爲先師。盡召天下惇師考德以爲學官。數臨幸觀釋菜。命祭酒博士講論經義。賜以束帛。生能通一經者得署吏。廣學舍千二百區。諸生員至三千二百。自玄武屯營飛騎皆給博士受經。能通一經者聽入貢限。四方秀艾挾策負素坌去聲集京師。文治煟于貴反興。於是新羅高昌百濟吐蕃高麗等群酋長並遣子弟入學。鼓笥踵堂者凡八千餘人。紆侈袂。曳方履。誾誾秋秋。雖三代之盛所未聞也。教亦至矣。此下總說二君然而未知所以教也。三代之教。天子公卿躬行於上。言行去聲政事皆可師法。彼二君者其能然乎

○子曰。苟有用我者。朞月而已可也。三年有成

朞月。謂周一歲之月也。可者。僅辭。言紀綱布也。有成。治去聲功成也。朱子曰。聖人爲政一年之間。想見已前不好底事都革得盡。到三年。便財足兵强。教行民

服。聖人做時。須一切將許多不好底撤換了。方做自家底。必三年方可有成也。○南軒張氏曰。朞月而大綱立。三年而治功成。然三年之所成者。即其朞月所立之規模也。充之而已矣。○東陽許氏曰。朞月而可謂興衰撥亂。綱紀粗立。三年有成。謂治定功成。治道大備。○尹氏曰。孔子歎當時莫能用己也。故云然。愚按史記。此蓋爲去聲衛靈公不能用而發。葉氏少蘊曰。因衛不用己而言。又論善人王者之功。此書所記先後初無序。亦有一時之言而併記之者。若此編是也。所謂用我者。非嘗試而使之也。舉國委己而聽之也。哀公以夫子爲中都宰。一年而四方則之。夾谷之會。攝行相禮。齊人遂歸魯侵疆。及爲司寇。粥羔豚弗飾賈。男女行者別於塗。每用輙效如此。況委國而聽之至於三年之久哉。○雲峯胡氏曰。夫子言有用我者。二。一爲衛不能用。一爲魯不能用。即此亦可見魯衛之政兄弟矣

○子曰。善人爲邦百年。亦可以勝殘去殺矣。誠哉是言也

勝平聲去上聲

爲邦百年言相繼而久也勝殘化殘暴之人使不爲惡也去殺謂民化於善可以不用刑殺也蓋古有是言而夫子稱之程子曰漢自高惠至于文景黎民醇厚幾平聲致刑措庶乎其近之矣問善人之爲邦如何可勝殘去殺程子曰只是能使人不爲不善善人不踐跡亦不入於室之人也○問集註謂民化於善可以不用刑殺乃聖人之事善人未易至此朱子曰聖人比善人自是不同綏之斯來動之斯和殺之不怨利之不庸民日遷善而不知爲之者此聖人事善人定是未便得如此然他做百年工夫積累到此自是亦能使人興於善不陷刑辟如文景幾致刑措豈不勝殘去殺○雙峯饒氏曰勝殘是我之善化足以勝其殘暴去殺是民無極惡大罪可以不用刑殺惟其能勝殘所以可去殺謂之亦可者微寓不足之意似有未能必其殘果盡勝殺果盡去之意蓋亦所謂幾致刑措者也善

人力量。其極功只到得此地位。以上更去不得○尹氏曰。勝殘去殺。不爲惡而已。善人之功如是。若夫聖人則不待百年。其化亦不止此。新安陳氏曰。上三句說本章。下二句隱然說下章。聖人。即王者。不待百年。即一世。化不止此。即仁澤浹也

○子曰。如有王者。必世而後仁

王者。謂聖人受命而興也。三十年爲一世。說文。三十年爲一世。從卅而曳長之仁。謂教化浹即業反也。程子曰。周自文武至于成王。而後禮樂興。即其效也。朱子曰。自己之仁而言之。這箇道理浸灌透徹。自天下言之。舉一世之人。皆是這箇道理浸灌透徹。○所謂仁者。以其天理流行。融液洞徹。而無一物之不體也。舉一世而言。固無一人之不然。即一人而言。又無一事之不然也。求之詩書。惟成康之世足以當之。○雙峯饒氏曰。此仁字。是教化浹洽。無一人不貫徹底意思。與其他仁字不同。蓋仁者以天地萬物爲一體。須漸民以仁。摩民以義。節

民以禮。使其化薰蒸透徹。融液周徧。以至四海之内無一人不歸於善。如人一身之間。生意貫徹。四肢百骸。無少痿痺相似。故謂之仁。且如堯舜之世。固是黎民於變。比屋可封。然苗頑猶未即工。亦是堯舜之化未貫徹處。必三苗既格。然後東漸西被。朔南暨聲教。無處不貫徹。方是堯舜致治之仁 ○或問三年必世遲速不同何也。程子曰。三年有成。謂法度紀綱有成而化行也。漸將廉反 民以仁。摩民以義。使之浹於肌膚淪於骨髓。而禮樂可興。所謂仁也。此非積久。何以能致 南軒張氏曰。使民皆由於仁。非仁心涵養之深。仁政薰陶之久。莫能然也。此則非善人所能及矣。○雲峯胡氏曰。勝殘去殺者。如能去人之疾而使之不至於死者也。仁則如人元氣渾全而自無疾者也。天下無一人非天理之融徹。無一處非天理之流通。故曰仁

○子曰。苟正其身矣。於從政乎何有。不能正其身。如正人

何

問此章與第六章其身正不令而行其身不正雖令不從。何異而復出之。朱子曰。晁氏以爲此章專爲臣而發。理或然也○雙峯饒氏曰。從政與爲政不同。爲政是人君事。從政是大夫事。夫子此言。蓋爲大夫而發

○冉子退朝。子曰。何晏也。對曰。有政。子曰。其事也。如有政。雖不吾以。吾其與聞之。朝音潮與去聲

冉有時爲季氏宰。朝季氏之私朝也。厚齋馮氏曰。臣見君曰朝。故其廷謂之朝廷。季氏專魯之政。其臣之見季氏。亦曰朝。僭禮之稱也晏晚也。政國政。事家事。吳氏曰。政事泛言之則通。別言之則大曰政。小曰事。公朝之事曰政。私家之事曰事以用也。禮大夫雖不治事。猶得與音預下文當與音同聞國政。是時季氏專魯。其於國政。蓋有不與同列議於公朝。而獨與家臣謀於

私室者。故夫子爲不知者而言。此與記檀弓下夫子爲弗聞也者而過之。同一文勢此必季氏之家事耳。若是國政。我嘗爲大夫。雖不見用。猶當與聞。今既不聞。則是非國政也。語意與魏徵獻陵之對略相似。唐書魏徵傳。文德皇后太宗之后既葬。帝即苑中作層觀。以望昭陵。后陵引徵同升。徵熟視。曰。臣昏眊不能見。帝指示之。徵曰。臣以爲陛下望獻陵。太宗毋陵昭陵則臣固見之矣。帝泣爲毀觀其所以正名分。扶問反抑季氏。而教冉有之意深矣。吳氏曰。以夫子此語推之。意古者大夫雖致仕。國有大政亦必與之共謀。蓋詢黃髮之意。若小事則不必然爾。冉有仕季氏無能改於其德。故夫子因其有政之語而深譏之。可謂微而顯。婉而嚴矣。夫子哀公十一年冬反魯年六十九。明年爲告老之年。左傳哀公十二年春用田賦康子使冉有問曰。子爲國老待子而行。蓋至是不復以告矣

○定公問一言而可以興邦有諸孔子對曰言不可以若是其幾也

幾期也詩曰如幾如式見小雅楚茨篇言一言之間未可以如此而必期其效詩幾音機

人之言曰爲君難爲臣不易易去聲

當時有此言也

如知爲君之難也不幾乎一言而興邦乎

因此言而知爲君之難則必戰戰兢兢臨深履薄而無一事之敢忽然則此言也豈不可以必期於興邦乎爲去聲定公言故不及臣也不再拈及爲臣不易一句

曰一言而喪邦有諸孔子對曰言不可以若是其幾也人之言曰予無樂乎爲君唯其言而莫予違也喪去聲下同樂音洛言他無所樂惟樂此耳如其善而莫之違也不亦善乎如不善而莫之違也不幾乎一言而喪邦乎

范氏曰如不善而莫之違則忠言不至於耳君日驕而臣日諂丑驗反未有不喪邦者也○謝氏曰知爲君之難則必敬謹以持之惟其言而莫予違則讒諂面諛之人至矣邦未必遽興喪也而興喪之源分於此然此非識微之君子何足以知之胡氏曰幾舊說或以爲近或以爲微近與不幾乎之義同與若

是其幾之幾不協。微則其文義皆不可讀。故不可從也。謝氏說邦未必遽興喪。則似以幾爲近。又曰興喪之源分於此。非識微者不足以知之。則又似以幾訓微。終取之者。豈以其大旨有所發明歟。○雙峯饒氏曰。聖人說話直是平。無些子高低。謂一言便能興邦喪邦。固不可。謂一言不可以興邦喪邦。亦不可。又如唯其言而莫予違。固不是。然善而莫之違。猶自可。故又分兩股說。一輕一重之間。斟酌劑量。不令分毫有偏。○吴氏曰。定公之問。亦可謂有意於治矣。使其能用夫子之言。兢兢業業以媚己之人爲可畏。三子之徒庶其小悛。而魯其或興也。惜乎女樂之事公既欲之。而桓子又助成之。是亦言不善而莫之違之類。是以用夫子而不克終也

○葉公問政

音義並見形甸反第七篇

子曰。近者說。遠者來。說音悅

被其澤則說。聞其風則來。然必近者說。而後遠者來也

南軒張氏曰。近者樂其澤。遠者慕其風。然未有澤不及於近。而能使人慕之者也。○勉齋黃氏曰。此非有意於求其說且來也。有意於求其說且來。則必有不說不來者矣。行吾之所當行而其效如此。乃所謂政。○或謂此章言其效。而不言其所以致之何也。吳氏曰。葉公楚名臣。或不待贅言。使其再問。夫子必更有說。夫子入楚。接輿輩交譏之。葉公雖能問而不能相與反復也。豈不惜夫。○新安陳氏曰。近說遠來。皆政之驗。非媚於民而求其說也。失人心之事不行。而所行皆不咈民心之事。近者自說矣。遠者聞其風。即聞近者說之風也

○子夏爲莒父宰。問政。子曰。無欲速。無見小利。欲速則不達。見小利則大事不成。父音甫

莒父。魯邑名。欲事之速成。則急遽無序而反不達。見小者之爲利則所就者小。而所失者大矣。南軒張氏曰。欲速則期於成而所爲必苟。故反不達。見小利則徇目前而忘久遠之謀。故反害大事。○勉齋黃氏曰。事之久速有自然之次第。

事之大小。有自然之分量。循其自然之理而無容心可也。一有欲速見小利之心。則私心而非正理矣。宜其不達而大事不成也○雙峯饒氏曰。見小與欲速相因。纔要速成。便只是見得目前小小利便處。所以急要收效。若是胷中有遠大規模。自然是急不得

○程子曰。子張問政。子曰居之無倦。行之以忠。子夏問政。子曰無欲速。無見小利。子張常過高而未仁。子夏之病常在近小。故各以切己之事告之

慶源輔氏曰。居之而易得倦。行之而不盡心。此過高而未仁之證也。欲速見小利。此近小而不及之證也。聖人之教人。如良醫之治疾。藥雖不同。效則一也○新安陳氏曰。過於高者藥之以誠實。不及而近小者藥之以寬大。皆以切己者告之也○胡氏明仲曰。聖人之言雖救子夏之失。然天下後世皆可爲法。兩漢以來爲政者。皆未免欲速見小利之病也

○葉公語孔子曰。吾黨有直躬者。其父攘羊。而子證之

語去聲

直躬直身而行者。有因而盜曰攘。

孔子曰。吾黨之直者異於是。父爲子隱。子爲父隱。直在其中矣。爲去聲

父子相隱。天理人情之至也。故不求爲直。而直在其中。

○謝氏曰。順理爲直。父不爲子隱。子不爲父隱。於理順邪。俗作耶瞽瞍殺人。舜竊負而逃。遵海濱而處。上聲當是時。愛親之心勝。其於直不直。何暇計哉。朱子曰。問父子相隱之說。那氏引律大功以上得相容隱。告言父祖者入十惡。以爲得此意。善乎其推言之也。諸說或本乎情。或本乎理。各有不同。今試以身處之。則所謂情者。蓋可體而易見。所謂理者。近於汎而不切。然徒徇夫易見之近情。而不要之以至

正之公理。則人情之或邪或正。初無準則。若之何必順此而皆可以爲直耶。苟順其情而皆可以謂之直。則霍光之夫婦相隱可以爲直。而周公之兄弟。石碏之父子。皆怫其情而反陷於曲矣。而可乎。○胡氏曰。是曰是。非曰非。有謂有。無謂無。曰直。直之常也。父爲子隱。子爲父隱。權也。故曰直在其中。非指隱以爲直也。如學以自脩而祿在其中。亦然。蓋直躬。人之細行。父子。人之大倫。伸一己之細行。傷人道之大倫。非天理也。父子守主恩。委曲以全其恩。雖不得正謂之直。然亦理所當然。順理而行不失其爲直也。葉公徒知一直。然一偏一曲之異乎人者爲高夫子則合全體大用而觀之也。夫一偏一曲之高非不足尚。於正理一有所虧。尚何言哉。○雙峯饒氏曰。父子主恩。於理當相隱。於情亦當相隱。故以是順天理合人情。而直在其中。若是父子相證。則天理人情兩有所乖。何取其爲直。集註順理爲直。是說理。愛親之心勝。是說情。○問。父當爲子隱。而石碏濟殺子厚如何。陳氏曰。證父家之私事。事主恩。故見父而不見他人。除亂國之大事。事主義。故見君而不見其子。道理不可執一。當在父子則父子重。當在君臣則君臣重。爲子止孝。爲臣止忠。地位各不同也。○吳氏曰。直。天理也。父子之親。又天理之大者也。二者相礙。則屈直以伸親。非不貴乎直也。當是時父子之情勝。而直不直固有所不知也。陳司敗以隱君之惡爲黨。葉公以證父之惡爲直。徒知直之爲公黨之爲私。而君臣之義父子之親。乃有不察。微夫子。則一偏一曲之説起。而仁義塞矣

○樊遲問仁。子曰。居處恭。執事敬。與人忠。雖之夷狄。不可棄也

恭主容。敬主事。恭見形甸反於外。敬主乎中。之夷狄不可棄。勉其固守而勿失也。朱子曰。發於外者。比主於中者校太。蓋必充積盛滿而後發於外。然主於中者却是本。○敬專言。如脩己以敬。只偏言是主事。○自誠身而言。則恭較緊。自行事而言。則敬爲切。○問。如何雖之夷狄不可棄。曰。道不可須臾離。可離非道。須是無間斷方得。若有間斷。此心便死了。在中國是這箇道理。在夷狄也只是這箇道理。○勉齋黃氏曰。居處。指幽獨而言。未有事者也。執事。指應事而言。未涉

手人也。與人。指接物而言。則涉手人矣。能恭敬而忠。則天理常行而人欲不萌矣。又能無適而不然。則流行而無間斷。仁之爲道。孰外乎此。○陳氏曰。敬工夫細密。恭氣象闊大。敬意思卑屈。恭意思尊嚴。但恭只是敬之見於外者。敬只是恭之存於中者。敬與恭不是二物。如形影然。未有内無敬而外能恭者。亦未有外能恭而内無敬者。○雙峯饒氏曰。無事時。此心無所作爲。只可於容貌上著箇恭。及至事來。則此心便要應事。心若不在事上。爲事便鹵莽。所以著箇敬。至於接人。則此心須視人猶己。不可容些欺僞。所以著箇忠。○天體物而不遺。仁體事而無不在。於居處時容貌恭肅。則仁便在居處上。於執事時此心戰兢惟恐失之。則仁便在應事上。於與人時能盡此而無所欺僞。則仁便在與人上。若能常常如此。雖之夷狄而不棄此。仁便無間斷。○新安陳氏曰。此與答仲弓問仁章當參看。彼以敬恕言。此以恭敬忠言。蓋居處恭。靜時敬也。執事敬。動時敬也。忠即恕之體。恕即忠之用也。一而已矣。動靜恭敬。表裏忠恕。又能持守而無間斷。則私意何所容。而仁豈外是哉。○程

子曰。此是徹上徹下語。聖人初無二語也。充之則睟雖醉

反面盎背推而達之。則篤恭而天下平矣。陳氏曰。徹上徹下。謂凡聖皆是此理。小則樊遲可用。大則堯舜不過。○慶源輔氏曰。聖人之言貫徹上下。此數言自始學至成德皆不過如此。近而睟盎於一身。遠而治平乎天下。亦不外乎此。皆是徹上徹下

胡氏曰。樊遲問仁者三。此最先。先難次之。愛人其最後乎。朱子曰。胡氏說三者先後雖無明證。看來是如此。若未嘗告以恭敬忠。則所謂先難者將何從下手乎。至於愛人。則又以其發於外者言之。○雙峯饒氏曰。即此三者便是先難底事。至於愛人。又是從恭敬忠上發出去。○覺軒蔡氏曰。諸子問仁而所答各異者。因其所稟之資而發也。樊遲問仁而所答各異者。因其所學之至而發也。聖人教人。猶化工之妙物各付物。於此見之

○子貢問曰。何如斯可謂之士矣。子曰。行己有恥。使於四方不辱君命。可謂士矣。使去聲

此其志有所不爲而其材足以有爲者也。慶源輔氏曰。志存於隱而才見於顯。且志易肆而才難彊。故常人之志患在於無所不爲。而其才則患在無所能爲。行己有耻。則是其志有所不爲也。使不辱命。則是其才足以有爲也。惟其志有所不爲。然後其才足以有爲也子貢能言。故以使事告之。蓋爲使之難不獨貴於能言而已新安陳氏曰。不獨貴於能言。蓋以行己有耻爲本也○朱子曰。行己有耻則不辱其身。使能盡職。則不辱君命○雙峯饒曰。有耻士之行。不辱命士之能。有其行又有其能。全才也。故可謂士

曰。敢問其次。曰。宗族稱孝焉。鄉黨稱弟焉。弟去聲

此本立而材不足者。有孝弟爲本。此外無材可見。故爲其次。朱子曰。孝弟豈不是第一等人。而聖人未以爲士之上者。僅能使其身無過而無益於人之國。守一夫之私行而不能廣其固有之良心也○雙峯饒氏曰。行己有耻。是事事不苟且。孝弟固是行之大者。然只是士行中之一端。而又無其

能故以為士之次

曰敢問其次曰言必信行必果硜硜然小人哉抑亦可以為次矣行去聲硜苦耕反

果必行也硜小石之堅確克角反者小人言其識量去聲之淺狹也此其本末皆無足觀然亦不害其為自守也故聖人猶有取焉下此則市井之人言誕行縱不復扶又反可為士矣

雲峯胡氏曰須看本末二字蓋士之所以為士者行其本也才其末也志有所不為而才足以有為是本末俱有可觀其次則但取其本立又其次則本末皆無足取而猶不失為自守故曰下此則市井之人不復可為士矣○朱子曰硜硜小人亦可為士者其識量雖淺而非惡也至其所守雖規規於信果之小節然與誕謾苟賤之人則不可同日語矣○厚齋馮氏曰言不必信行不必果孟子謂之大人惟義所在而不拘執所

應者廣也。言必信。行必果。夫子謂之小人。確於自守而不可轉移。所成者狹也

曰。今之從政者何如。子曰。噫。斗筲之人。何足算也。筲所交反算亦作筭悉亂反

今之從政者。蓋如魯三家之屬。噫。心不平聲。斗。量去聲名。容十升。筲。竹器。容斗二升。斗筲之人。言鄙細也。算。數上聲也。子貢之問每下。故夫子以是警之。○程子曰。子貢之意。蓋欲爲皎皎之行去聲聞於人者。夫子告之皆篤實自得之事。問程子謂子貢欲爲皎皎之行是如此否。朱子曰。子貢平日雖有此意思。然這章却是他大段平實了。渠見行己有恥使不辱命。不是些小事。故又問其次。凡此節次。皆是要向平實處做工夫。每問皆下。到下面問今之從政者。却問錯了。聖人便與他截斷

○子曰：不得中行而與之，必也狂狷乎！狂者進取，狷者有所不爲也。

行道也。南軒張氏曰中行謂中道上行者○胡氏曰道猶路也故行亦道也狂者志極高而行去聲下同不掩，狷者知未及而守有餘。朱子曰狂者知之過狷者行之過○雙峯饒氏曰行不掩非全然行不顧言如說得十分只行得五七分這五七分蓋那十分不過耳蓋聖人本欲得中道之人而教之，然既不可得，而徒得謹厚之人，則未必能自振拔而有爲也。故不若得此狂狷之人，猶可因其志節狂者之志狷者之節而激厲裁抑之以進於道，非與其終於此而已也。朱子曰謹厚者雖是好又無益於事故有取於狂狷者又各墮於一偏中道之人有狂者之志而所爲又精審有狷者之節又不至過激此極難得之人○狷者雖非中道。然有筋骨。其志孤介。知善之可爲而爲之。知不善之不可爲而不爲。直是有節操。狂者志氣激昂。聖人本欲得中道而與之。晚年磨來磨去難得這般恰好底人。如狂獧尚可因其有爲之資裁而歸之中道。○雙峯饒氏曰。或解集註激厲裁抑以爲激厲獧者裁抑狂者。是不然。狂者志極高是過處。行不掩是不及處。獧者知未及是不及處。守有餘是過處。二者各有過不及。於過處裁抑之使之俯而就中。於不及處激厲之使之跂而及中。如此則皆近道矣。○狂獧自是病處。聖人所以取之者。以狂者有進取之志。獧者不爲非理之事。雖有病處亦有好處尚可教以中道。若徒謹厚者只是怕事底人。雖不爲惡亦不足與爲善。反不若狂獧之可取也。○新安陳氏曰。進取而有爲以取於善也。狂者知之過而行不及。獧者行之過而知不及。得聖人裁抑之激厲之。使狂者力行以踐之。而其見不荒。獧者致知以明之。而其守不狹。則中道庶乎可得矣。○

孟子曰。孔子豈不欲中道哉。不可必得。故思其次也。次謂狂者 如琴張曾皙牧皮者。孔子之所謂狂也。其志嘐嘐然曰。古之人古之人。夷考其行而不掩焉者也。以上皆說狂者狂者又不可得。欲得不屑不潔之士而與之。是狷也。是又其次也。又次謂狷者。○勉齋黃氏曰。孔子之門從遊之士。皆極天下之選。夫子猶歎中行之難得。思狂狷者而與之。蓋進道之難如此。狂狷雖不同。而其力量皆足以進於道者也。今持不遠之資而悠悠以進於學。是皆夫子之所棄也。

○子曰。南人有言曰。人而無恒。不可以作巫醫。善夫。恒胡登反夫音扶

南人。南國之人。恒。常久也。巫所以交鬼神。醫所以寄死生。故雖賤役而尤不可以無常。孔子稱其言而善之。朱子曰。恒字古作恆。其說象一隻船兩頭靠岸。可見徹頭徹尾。○慶源輔氏曰。無常之人。則在我者無定守矣。何所用而可。巫醫雖賤役。然必有常乃可為之。蓋交鬼神而無常。則鬼神不之享。治疾病而無常。則人何敢寄以死

生哉。孔子稱其言而善之。其所以警於人者深矣。

不恒其德，或承之羞。

此易恒卦九三爻辭。承，進也。朱子曰：承，如奉承之承。如人送羞辱與之也。○雙峯饒氏曰：承字如儀禮皇尸命工祝承致多福于爾孝孫之承，言奉而進之也。

子曰：不占而已矣。

復扶又反加子曰，以別必列反易文也。其義未詳。南軒張氏曰：不占，謂理之必然，不待占決而可知也。○新安陳氏曰：不占，如易所謂不占有孚。言無常取羞，不待占筮而信然矣。

楊氏曰：君子於易苟玩其占平聲，則知無常之取羞矣。其爲無常也，蓋亦不占而已矣。意亦略通。朱子曰：不占而已，此只是不讀書之意。○雲峯胡氏曰：易爲占筮之書。不恒其德，或承之羞，此恒卦九三占辭也。凡其不知不恒之患者，由平曰不占而已矣。○新安陳氏曰：此章謂無恒者，雖賤役不可爲，且羞辱不可免，以見人決不可以無恒也。

○子曰：君子和而不同，小人同而不和。

和者，無乖戾之心。同者，有阿比之意。比，毗至反。南軒張氏曰：和者和於理，同者同其私。和於理則不苟同，同其私則不能和。○勉齋黃氏曰：和之與同，公私而已。公則視人猶己，何不和之有？惟理是視，何同之有？私則喜狎昵，所以常同；樂忌克，所以不和。○厚齋馮氏曰：和，如和羹，異味而相調爲一也。同，如雷同，隨聲而無分別也。和與同近似，而公私不同，如比周驕泰之類，夫子故辨之。○尹氏曰：君子尚義，故有不同。小人尚利，安得而和？慶源輔氏曰：義有可否，故有不同。利有爭奪，安得而和？○朱子曰：君子之和，乃以其同寅協恭而無乖爭忌克之意。其不同者，乃以其守正循理而無阿諛黨比之風。小人反是。此二者外相似而內實相反，乃君子小人情狀之隱微，自古至今如出一軌。如韓富范公上前議論不同，或至失色，至卒未嘗失和氣。王呂章曾蔡氏父子兄弟同惡相濟，而其際無不至。亦足以驗聖言之不可易矣。○君子之心是大家只理會這一箇公當底道理。故常和而不可以苟同。小人是這箇私意。故雖相與阿比。然兩人相聚也便分箇彼己了。故有些少利害便至紛爭而不和也。○雙峯饒氏曰。論語中說小人有數樣。硜硜然小人哉。是以其氣量淺狹。故謂之小人。小人哉樊須也。是以其所務者小事。故謂之小人。毋爲小人儒。以其所業雖正而用心則私。此是儒者中之小人。至於小人比而不周。驕而不泰。和而不同。與夫窮斯濫。長戚戚之類。是指其心術全然不好底。故每每把對君子反說

○子貢問曰。鄉人皆好之。何如。子曰。未可也。鄉人皆惡之。何如。子曰。未可也。不如鄉人之善者好之。其不善者惡之。好惡皆去聲

一鄉之人。宜有公論矣。然其間亦各以類自爲好惡也。故善者好之。而惡惡如字者不惡。則必其有苟合之行。去聲惡

如字

者惡之而善者不好則必其無可好之實

勉齋黃氏曰不以鄉人皆好皆惡而定其人之賢必取決於善者之好不善者之惡蓋善者循理故所好者如己之循理者也不善者徇欲故所惡者必不如己之徇欲者也此其所以爲賢也○慶源輔氏曰鄉人皆好惡是同流合汙之人鄉人皆惡惡是詭世戾俗之人故皆以爲未可惟鄉人之善者以其同乎己而好之則有可好之實矣不善者以其異乎己而惡之則無苟容之行矣方可必其人之賢也○西山真氏曰必善者好之不善者惡之是其制行之美足以取信於君子而立心之直又不苟同於小人其爲賢必矣○厚齋馮氏曰子貢方人故所問如此夫人自幼及長知之悉者莫鄉人若也好惡無異辭則賢否宜可決矣然鄉人不能皆善則好惡不能皆當唯善不善各以類合求之於此一好一惡而賢否定矣○雙峯饒氏曰子貢之問以爲賢者必爲鄉人之所好今鄉人皆好之還可以爲賢乎夫子見有居之似忠信行之似廉潔未免媚世以取譽故謂鄉人皆好未可遽以爲賢子貢又問如此則鄉人皆惡之還可以爲賢乎夫子又見有幼而不遜弟長而無述焉爲鄉黨所不齒者亦

豈可以鄉人皆惡而遽謂之賢乎。若鄉人之善者皆好之，則以類從類。不善者皆惡之，則其志行不苟同於流俗，可以見其必爲賢者而無疑也。○覺軒蔡氏曰：不如鄉人之善者好之，其不善者惡之，乃夫子荅子貢鄉人皆好之皆惡之之問耳。非謂必欲不善者惡之也。如明道先生狡僞者獻其誠，暴慢者致其恭，雖小人趨向之異，亦必以先生爲君子。則不善者曷嘗惡之耶

○子曰：君子易事而難說也。說之不以道，不說也。及其使人也，器之。小人難事而易說也。說之雖不以道，說也。及其使人也，求備焉。易，去聲。說，音悅。

器之，謂隨其材器而使之也。君子之心公而恕，公，故難說；恕，故易事。小人之心私而刻，私，故易說；刻，故難事。天理人欲之間，每相反而已矣。朱子曰：君子無許多勞攘，故易事。小人便愛些便宜，人便從那罅縫去處奉他，故易說。○南軒

張氏曰。易事者。平恕之心也。難説者。正大之情也。其所説者義理而已。而非説人之説已也。故説之不以道則不説。與人爲善而取之不求備。故使人則器之。若小人則徇於一己之私而已。故順己則喜而不察其非道也。勝己則忌而惟欲責其全也。此公私之分也。○厚齋馮氏曰。君子小人。蓋指當時卿大夫之得政者而言。○雙峯饒氏曰。説不以道不説。是難説。器之是易事。説不以道亦説。是易説。求備是難事。○慶源輔氏曰。君子持己之道甚嚴。而待人之心甚恕。小人治己之方甚寛。而責人之意甚刻。君子説人之順理。小人説人之順己。君子貴重人材。隨才器而使之。而天下無不可用之人。小人輕視人才。故求全責備。而卒至無可用之人

○子曰。君子泰而不驕。小人驕而不泰。

君子循理。故安舒而不矜肆。小人逞欲。故反是 胡氏曰。循理者泰之本。逞欲者。驕之根。君子惟理是循。富貴貧賤安於所遇。無入而不自得。故常舒泰。小人惟欲之逞。貪求苟取意得志滿。常以自誇。故常驕矜。○南軒張氏曰。泰者心廣而體胖。驕者志盈而氣盛也。驕則何由泰。泰奚驕

之有○然而能不驕矣而未之泰者亦有之蓋雖能制其私而涵養未至未免乎拘迫者也○雲峯胡氏曰驕與泰相似大學曰驕泰以失之章句謂驕者矜高泰者侈肆此則以泰爲安舒驕爲矜肆矜肆二字包矜高侈肆四字朱子訓釋之精如此○新安倪氏曰此以泰與驕對言則泰者驕之反本乎循理而安舒大學以泰與驕合言則泰亦驕之類根乎逞欲而侈肆各隨其旨觀之可也

○子曰剛毅木訥近仁

程子曰木者質樸訥者遲鈍四者質之近乎仁者也楊氏曰剛毅則不屈於物欲木訥則不至於外馳故近仁

朱子曰剛是體質堅强不軟不屈毅却有奮發作興氣象○近仁之說原聖人之意非是教人於此體仁乃是言如此之人於求仁爲近耳雖有此質正須實下求仁工夫乃可實見近處未能如此即須矯揉到此地位然後於仁爲近可下工夫若只守却剛毅木訥四字要想象思量出仁體來則無是理也○勉齋黄氏曰剛强勁

毅堅忍○胡氏曰剛毅則有堅强不已之意木訥則無巧令必飾之資故於仁爲近然非論其問學工夫即其資禀而言也資禀之近若合於仁矣未可以爲仁也蓋仁雖出於天生之本然唯上智之資氣命於理自然合於中和而不墮於一偏其不屈於物欲固剛毅矣然待人接物未嘗不温然而和順也其不至於外馳固木訥矣然威儀文辭未嘗不粲然而宣明也若資質之美則拘於一偏而已大約言之固於仁爲近由學者言之必庶幾其全體可也○王氏曰剛必無欲毅必能行木無令色訥無巧言○雲峯胡氏曰四者天資之近仁者也加以學力則不止於近矣○新安陳氏曰反觀之則柔脆華辯之遠於仁可知矣

○子路問曰何如斯可謂之士矣子曰切切偲偲怡怡如也可謂士矣朋友切切偲偲兄弟怡怡

胡氏曰切切懇到也偲偲詳勉也怡怡和悦也皆子路所不足故告之又恐其混於所施則兄弟有賊恩之禍

兄弟切偲則易賊恩朋友有善柔之損朋友怡怡則失於善柔故又別必列反而言之朱子曰切切者教告懇惻而不揚其過偲偲者勸勉詳盡而不强其從二者皆有忠愛之誠而無勁訐之害○懇到有苦切之意然一向如此而無浸潤之意又不可須詳細相勉如此方有相親之意○聖人見子路有粗暴底氣象故告之以此又恐子路一向和悅去了又告之以朋友則切切偲偲兄弟則怡怡聖八之言是恁地密○勉齋黃氏曰所謂士者涵泳於詩書禮義之澤必有溫良和厚之氣此士之正也至於發强剛毅則亦隨事而著見耳子路負行行之氣而不能以自克則切偲怡怡之意常少故夫子箴之○雙峯饒氏曰切切偲偲怡怡如也只是一句總言士之爲士其氣象當如此下文又分別其義○覺軒蔡氏曰黃氏云爵有五士居其列民有四士爲之先謂之士者誠可貴也士之爲貴何哉以其記誦之多文辭之工耶則由與賜優爲之矣而二子乃汲汲然以士爲問何也至夫子所以答之者不過於行己事君入孝出悌言信行果與夫處兄弟朋友之間又何耶人之大倫五父子也君臣也兄弟也夫婦也朋友之交也舜命契爲司徒必先於

敷五教。三代之學所以明人倫。則謂之士者。捨是何急焉。後世則不然。父兄之所詔。師友之所訓誨。有司之所論選。記誦而已爾。人道之大端不暇講也。如是。則謂之士。其果可以當此名耶。謂之可貴。未見其眞可貴也

○子曰。善人教民七年。亦可以即戎矣

教民者。教之以孝弟去聲忠信之行去聲務農講武之法。即就也。戎。兵也。民知親其上。死其長上聲故可以即戎 雙峯饒氏曰。善人。即善人爲邦之善人。天資好善之人也。教民。不是專教之戰。教之孝悌忠信。則民知尊君親上之義。教之務農。則民知重本足食足兵。皆即戎之本也。亦可者。僅可之辭。○新安陳氏曰。善人有忠愛惻怛之心。而其教民又盡本末兼該之法。孝弟忠信。本也。務農。亦本也。講武之法。末也。本末兼盡。且必七年而僅可即戎。兵其可易言哉 ○程子曰。七年云者。聖人度待洛反其時可矣。如云朞月。三年。百年。一世。大國五年。小國七年之類。皆當思

其作爲如何乃有益問善人教民七年亦可以即戎矣。如何恰限七年。朱子曰。如此等他

須有箇分明界限。如古人謂三十年制國用。則有九年之食。至班固則推得出那三十年果可以有九年食處。料得七年之類亦如此。○慶源輔氏曰。聖人度其時可矣。蓋致知格物之極功。不啻如燭照而數計。非臆度之謂也。○厚齋馮氏曰。古之教士七年謂之小成。教民雖不如士之詳。而七年亦教成之節也。如稱朞月三年百年一世大國五年小國七年之類。是皆以其勢之大小事之難易時之遲速而言。非臆度也。亦可以云者。若王者教民不待如此之久也。善人政事不足。若能教民則有其政矣。雖無速效。遲之七年亦可也。此言不可以不教之民戰也。○雙峯饒氏曰。欲論其作爲。只前面說底便是。朞月而紀綱布。三年而政化行。一世而教化浹洽。此是聖人作爲久近之效。七年而可以即戎。比之三年而有勇知方者有間。百年而可以勝殘去殺。比之必世而仁者遠甚。此是善人作爲久近之效。○雲峯胡氏曰。教民本非爲即戎而設。教之深亦可以即戎矣

○子曰。以不教民戰。是謂棄之

以。用也。言用不教之民以戰。必有敗亡之禍。是棄其民也。吳氏曰。白虎通云教民者。皆里中之老而有道德者爲右師。教里中之子弟以道藝孝弟行義。朝則坐於里門。弟子皆出就農。復罷亦如之。若既成藏皆入教學。立春而就事。故無不教之民。非謂教之戰也。然其三時務農。一時講武。則金鼓旗物之用。坐作進退之節亦在所教矣○南軒張氏曰。所謂教者。教之以君臣父子長幼之義。使皆有親其上死其長之心。而又教之以節制。如司馬法是也。若未之教而驅之戰。則是棄之死地而已矣○厚齋馮氏曰。孟子曰不教民而用之謂之殃民。蓋本諸此○新安陳氏曰。此章與上章未必一時之言。記者以類相從。乃承上章之意而反言之也

論語集註大全卷之十三

論語集註大全卷之十四

憲問第十四

胡氏曰。此篇疑原憲所記。趙氏曰。憲問恥不書姓而直書名。其爲自記之證一也。他章夫子稱弟子則名之。曾子有子冉子、門人之所記則以子稱。非其師者皆稱字。如原思爲之宰亦以此稱。而此書名。其爲自記之證二也。下章問克伐怨欲不行。不別起端而聯書之。其爲自記之證三也。○勿軒熊氏曰。多記孔門出處言行。內雜論春秋人物。凡四十七章

憲問恥。子曰。邦有道穀。邦無道穀。恥也。

憲原思名。穀祿也。邦有道不能有爲。邦無道不能獨善。而但知食祿。皆可恥也。憲之狷介。雙峯饒氏曰。狷是有執守。介是有分辨其於邦無道穀之可恥。固知之矣。至於邦有道穀之可

恥則未必知也。故夫子因其問而并言之以廣其志。使知所以自勉而進於有爲也。朱子曰。穀之一字有食祿之義。言有道無道只會食祿。畧無建明。豈不可深恥○問憲之狷介安貧。豈不知邦有道穀之可恥。曰。未可知也。人到用處方見。族黨稱其孝弟。夫子未以爲士之至行者。僅能持身於無過而無益於人國。不足深貴也。邦有道而不能有爲。只小廉曲謹。濟得甚事。邦無道而受祿。固不可。有道而苟祿亦不可也○原憲甘貧守道。其志卓然能有不爲者也。其爲此問。固知邦無道而枉道得祿之爲恥矣。特欲質諸夫子以言其志耳。夫子深知其然。而亦知其學之未足以有爲也。則恐其或當有道之時。雖無枉道之羞。而不免於素餐之愧。故以是而并告之。使因其所已知而推之以及其所未知者。庶乎其有以廣其業而益充其所爲耳。或乃以所謂夫子之意止於無道得祿之可恥。以憲所能安貧而告之。然則是徒以其已能者而瀆告焉。豈所以進之於日新耶○梅巖胡氏曰。論語中說有道無道凡八出。泛論者三。指其人而論者五。南容伯玉武子史魚原憲是也。世有道如南容之不廢。武子之知。伯玉之

仕。史魚之直可也。如欲志於穀而不能有爲。不可也○

新安陳氏曰。邦有道貧且賤焉。耻也。邦無道富且貴焉。耻也。集註云世治而無可行之道。世亂而無能守之節。其意正與此章同。但彼全是平說。此亦雖是平說。然就原憲分上觀之。則重在邦有道穀。微不同耳。雲峯謂憲爲夫子之宰。猶辭其所當得之粟。其耻於無道之穀可知。然猶介者自守常有餘。而見於事爲常不足。故夫子猶告之以有道穀之可耻也

○克伐怨欲不行焉可以爲仁矣

此亦原憲以其所能而問也。克好去聲勝。伐自矜。怨忿恨。欲貪欲

慶源輔氏曰。克只訓勝。如克敵克己之爲勝敵勝己是也。然單言之。則爲好勝。如忮克克伐是也。伐者傷殘之意。自矜乃所以自殘也。忿見於外。恨藏於中。內恨外忿則怨。欲有公私。貪欲則欲之私也○胡氏曰。分言則四事對舉。互言則克伐者因己所有而生氣盈也。怨欲者因己所無而生氣歉也。推本言之。又皆由有己而生也○雙峯饒氏曰。克伐二者只是一病。怨欲二者亦只是一病。四件是兩件。兩件又只是一件。病

根在一欲字。有所欲則貪多而求勝。遂其所欲則誇伐。不遂其所欲則怨恨

子曰。可以爲難矣。仁則吾不知也

有是四者而能制之使不得行。可謂難矣。仁則天理渾（上聲）然自無四者之累。不行不足以言之也。朱子曰。克伐怨欲。只是自就道理這邊看得透。則那許多不待除而自去。若實是看得大底道理。要求勝做甚麼。要去矜誇他人做甚麼。求仁而得仁。又何怨。怨箇甚麼。耳目口鼻四肢之欲。惟分是安。欲箇甚麼。見得大處分明。這許多小小病疾都如冰消凍釋。無有痕迹矣。若只是遏在胷中不行。畢竟是有這物在裏。才說無。便是合下掃去。不容他在裏。譬如一株草。剗去而留其根。與連其根剗去。此箇意思如何。而今人於身上有不好處。須是合下便剗去。若只是在人面前不行。而此箇根苗常留在裏。便不得。○克伐怨欲不行。所以未得爲仁者。如面前有一事相觸。雖能遏其怒。畢竟胷中有怒在。所以未得爲仁。○南軒張氏曰。克伐怨欲不行。亦可謂能制其私欲者矣。然克伐怨

欲之根猶在也。若夫仁者之心，則克伐怨欲無自而萌焉。故制之於流，未若澄之於源也。○慶源輔氏曰：憲兩問，夫子答之，皆是因其所已能而進之以其所未能。○程子曰：人而無克伐怨欲，惟仁者能之。有之而能制其情使不行，斯亦難能也。謂之仁則未也。此聖人開示之深，惜乎憲之不能再問也。

程子曰：人無克伐怨欲四者，便是仁也。只爲原憲著一箇不行，不免有此心，但不行也。故孔子謂可以爲難。此孔子著意告原憲處，欲他有所啓發，他承當不得，不能再發問也。孔門如子貢者，便能曉得聖人意。且如曰：女以予爲多學而識之者歟？對曰：然。便問曰：非歟？孔子告之曰：非也。予一以貫之。原憲則不能也。○若無克伐怨欲固爲仁已。惟顏子而上乃能之。○朱子曰：明道說原憲承當不得，所以不復問。他非獨是這句失問。如邦有道穀，邦無道穀，恥也，也失問。○問：原憲也不是箇氣昏力弱底人，何故如此？曰：他直是有力。有他孤潔節介，卒未易及。只是見識自如此。若子路見識較高。他問時須問到底。然教原憲去爲宰從政，未必如子路冉求之徒。若教子路冉求做原憲許多孤介也做不得。孟子曰人有不爲也而後可以有爲。原憲却以只要不爲却不理會有爲一節○慶源輔氏曰。憲之所以僅能其難固以其猶介有守。而至於不能復有所問。則亦以猶介之守痼之也

或曰。四者不行。固不得爲仁矣。然亦豈非所謂克己之事。求仁之方乎。曰。克去上聲下同己私以復乎禮。則私欲不留而天理之本然者得矣。若但制而不行。則是未有拔去病根之意。而容其潛藏隱伏於胷中也。豈克己求仁之謂哉。學者察於二者之間。則其所以求仁之功。益親切而無滲所禁反漏矣

朱子曰。克己。如誓不與賊俱生。克伐怨欲不行。如薄伐玁狁至于太原。但逐出境而已○克己者。是從根源上一刀兩斷。便斬絕了。更不復萌。不行底。只是禁制他不要出來。那欲爲之心未嘗忘也○雙峯饒氏曰。拔去病根有兩說。一是積漸消磨。一是勇猛決去。平居莊敬涵養。此積

漸消磨法也。臨事着視克己。此勇猛决去法也。○胡氏曰。制其情而不行。與顔子四勿若相似而實不同。四勿者。分辨於天理人欲之間而一循乎天理。不行者。禁制於人欲已發之後而不徇乎人欲。用力於初分之際者易。用力於已發之後者難。此所以雖不許其仁而亦許其難也。苟志不勝氣。則藏伏於内者勃然而出。其難也有時而不可恃矣。○雲峯胡氏曰。克伐怨欲皆生於欲。仁者純乎天理而無欲者也。無欲則自然無克伐怨欲矣。顔子私欲淨盡可以爲仁。憲之力制其欲者可以爲難。

○子曰。士而懷居。不足以爲士矣。

居。謂意所便安處也。胡氏曰。居。以爲居室亦可。然居室一事所該者狹。聖人既斷其不足以爲士。則不止思念其居室之安而已。故以爲意所便安處。皆是。蓋不循理之安。而惟徇情之安。則趨利背義往往有之。安得謂之士。○慶源輔氏曰。懷吾意所便安處便是利。心爲士者正義而不謀利。若於意所便安者戀戀而不能忘。則於義之所當爲者必不能知所徙矣。内則損德。外則廢業。是尚足以爲士哉。○雲峯胡氏曰懷居。與小人懷土相似。與聖人安土樂天相反。安土者隨其身之所處而安。無所執著。所謂安土敦乎仁。其樂也天。懷居者。戀其身之所便以爲安。有所執著。其累也人。○新安陳氏曰。君子當安安而能遷。私意戀着。是苟安也。若是。則如輔氏所謂於義所當爲。必不能徙矣

○子曰。邦有道。危言危行。邦無道。危行言孫。行孫並去聲

危。高峻也。孫。卑順也。○陳氏曰。高峻者。廉隅之稱。非詭險也。卑順者。加謙恭之意。非阿諛也

尹氏曰。君子之持身不可變也。至於言則有時而不敢盡。以避禍也。然則爲國者使士言孫。豈不殆哉。朱子曰。洪氏云。危非矯激也。直道而已。孫非阿諛也。遠害而已。吳氏云。言孫者。亦非失其正也。特少置委曲。如夫子之對陽貨王孫賈云爾。○南軒張氏曰。危。高特之意。君子非固欲危其言行。介然守道不徇於世。自世人視之。則見其高特耳。○慶源輔氏曰。行以持身。則終無可變之理。言以應物。則或有當遜之時。○雙峯饒氏曰。行無時而不危。

所謂國有道不變塞焉。國無道至死不變。言有時而或遜。所謂國有道其言足以興。國無道其默足以容。○新安陳氏曰。制行無時而可變。持身之道也。出言有時而不敢盡。保身之道也

○子曰。有德者必有言。有言者不必有德。仁者必有勇。勇者不必有仁。

有德者。和順積中。英華發外。八字出樂記能言者。或便平聲佞口給而已。仁者心無私累。見義必爲。勇者或血氣之强而已也。胡氏曰。便佞口給。無德之言也。血氣之强。非仁義之勇也○尹氏曰。有德者必有言。徒能言者未必有德也。仁者志必勇。志能帥氣徒能勇者未必有仁也。問仁與德如何分。雙峯饒氏曰。隨所得淺深皆可以爲德。皆可見於言。仁則德之全也。心無私累。故能見義必爲。德未到此田地。未必真能有勇也

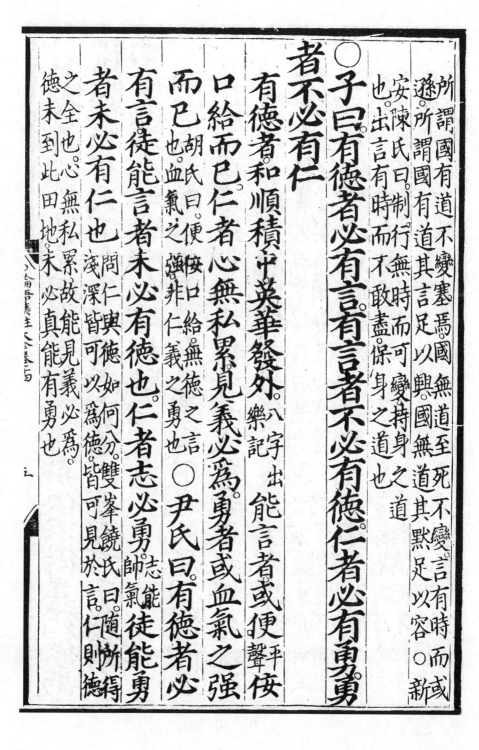

○南宮适問於孔子曰羿善射奡盪舟俱不得其死然禹稷躬稼而有天下夫子不答南宮适出子曰君子哉若人尚德哉若人适古活反羿音詣奡五報反盪土浪反

南宮适即南容也羿有窮之君善射滅夏后相去聲而篡其位其臣寒浞士角反又殺羿而代之奡春秋傳作澆五弔反浞之子也力能陸地行舟後爲夏后少去聲康夏后相之子所誅左傳襄公四年魏絳曰昔有夏之方衰也后羿自鉏遷于窮石因夏民以代夏政恃其射也不修民事而淫于原獸用寒浞以爲相浞行媚于内宮人而施賂于外愚弄其民而虞羿于田虞樂也樹之詐慝以取其國家羿歸自田家衆殺而亨之靡奔有鬲氏靡夏之臣浞因羿室生澆及豷音戲恃其讒慝詐僞而不德于民使澆用師滅斟灌及斟尋氏二國夏同姓諸侯靡自有鬲氏收二國之燼遺民以滅浞而立少康少康滅澆

后杼滅豷。后杼，少康子。有窮遂亡。○新安陳氏曰：羿奡皆篡賊而殺。誅，異辭者。羿當誅，然非浞所得誅也，故云殺。

禹平水土。暨稷播種，身親稼穡之事。禹受舜禪（時戰反）而有天下。稷之後至周武王亦有天下。适之意蓋以羿奡比當世之有權力者，而以禹稷比孔子也。故孔子不答。然适之言如此，可謂君子之人，而有尚德之心矣。不可以不與，故俟其出而贊美之。

問夫子不答南宮适。朱子曰：适雖非問，然其言可取，則亦不應全然不答。疑其實有貶當世而尊夫子之意，夫子不欲承當，故不答爾。○南軒張氏曰：方是時天下以力相高，而不知貴德。南宮适之言，謂強力不可恃而德之爲尊也。夫子不答者，以其有禹稷之言，答之則是己當之也。而以其言之善，則從而美之，使學者知尚德之意也。言禹稷之德而獨稱其躬稼者，舉其見於行事之實也。南宮适亦知言哉。○慶源輔氏曰：适素號能謹言，而以此質於夫子，其所以閔世悼俗，尊尚聖人事之意備見於言外。夫子不答。於出而美之。可見聖人處事之密而取善之周矣。○葉氏少蘊曰。是時田恒之篡齊。六卿之分晉。三家之專魯。孰非欲爲羿奡者。○雙峯饒氏曰。此章意味涵深。集註權力二字。正指三家而言。三家權力盛而有無君之心。故以羿奡比之。夫子有德而無位。故以禹稷比之。三家無君必至於亡。夫子有德如此。異日造物必有以處之而使之得位。故微其辭以德形容之。孔子以其以禹稷比己。己難答。又以羿奡比三家愈難答。所以不答。适是孟懿子之兄。亦是二家之子孫。乃有此等見識。尤所難得。故夫子俟其出而嘆美之。○新安陳氏曰。君子尚德。小人尚力。适戒羿奡尊禹稷。是尚德不尚力也。故許以君子

○子曰。君子而不仁者有矣夫。未有小人而仁者也。夫音扶

謝氏曰。君子志於仁矣。然毫忽之間。心不在焉。則未免爲不仁也。朱子曰。君子譬如純白底物事。雖有一點黑。是照管不到處。小人譬如純黑底物事。雖有一兩點白處。却當不得那白也。○潛室陳氏曰。君子容有不仁處。此特君子之過爾。蓋千百之一二。若小人本心

既喪。天理已自無有，何得更有仁在。已自頑痺如鐵石。亦無醒覺之理。甚言小人之不仁也。此君子小人指心術邪正言。君子存心雖正，猶有私意間發之時。小人本心既無，縱有隙光暫見，決不勝其虺蛇之毒。此章深惜小人之喪失本心也。○雙峯饒氏曰。仁是純乎天理而無一毫人欲之私。少有間斷，便是不仁。君子之心雖純是天理。然或少有間斷，故曰不仁者有矣夫。小人間有此天理形見，終爲物欲所蔽，決不能到純全田地，故曰未有小人而仁者也。○吳氏曰。夫，婉辭。仁非聖人不能盡。小人中雖有天理滅未盡者，亦不得以仁稱之云然者。勉君子而懲小人也。

○子曰。愛之能勿勞乎。忠焉能勿誨乎。

蘇氏曰。愛而勿勞，禽犢之愛也。東漢楊彪傳。彪子修爲操所殺。操見彪，問曰。公何瘦之甚。對曰。愧無日磾讀作密低先見之明，猶懷老牛舐神旨反犢之愛。操爲之改容。忠而勿誨，婦寺音蒔之忠也。詩大雅瞻卬篇。匪教匪誨，時惟婦寺。刺幽王嬖褒姒任奄人以致亂之詩。寺。奄人也愛而知勞之則其爲愛也深矣忠而知誨之則其爲忠也大矣慶源輔氏曰愛焉而自不能不勞以成之忠焉而自不能不誨以益之此天理人情之至莫之爲而爲者也觀慈父之於子忠臣之於君則可見矣蘇氏發兩知字尤有意味蓋人之私情往往不知勞之爲愛誨之爲忠故又言以明之○厚齋馮氏曰人之常情勞之事難從而勞於前者逸於後豈非愛之深者乎誨之之語難受而長其善以救其失豈非忠之大者乎

○子曰爲命裨諶草創之世叔討論之行人子羽修飾之東里子產潤色之裨婢之反諶時林反

裨諶以下四人皆鄭大夫草略也創造也謂造爲草藁也世叔游吉也春秋傳作子大叔討尋究也論講議也行人掌使去聲之官子羽公孫揮也修飾謂增損之東里

地名。子產所居也。潤色謂加以文采也。鄭國之爲辭命。必更平聲此四賢之手而成。詳審精密。各盡所長。是以應對諸侯。鮮上聲有敗事。左傳襄公三十一年。北宮文子相衛襄公以如楚。過鄭。文子入聘。子羽爲行人。馮簡子與子大叔逆客。事畢而出。言於衛侯曰。鄭有禮。其數世之福也。其無大國之討乎。子產之從政也。擇能而使之。馮簡子能斷大事。子大叔美秀而文。貌美才秀。公孫揮能知四國之爲。知諸侯所欲爲。而辨於其大夫之族姓。班位貴賤能否。而又善爲辭令。裨諶能謀。謀於野則獲。得所謀也。謀於邑則否。此才性之蔽。鄭國將有諸侯之事。子產乃問四國之爲於子羽。且使多爲辭令。與裨諶乘以適野。使謀可否。而告馮簡子使斷之。事成。乃授子大叔使行之。以應對賓客。是以鮮有敗事。北宮文子所謂有禮也。孔子言此蓋善之也。朱子曰。春秋之辭命。猶是說義理。到戰國游說則只說利害而已。○洪氏曰。鄭國能愼重其辭命而信任於賢者如此。爲天下者辭命宜益重也。而反輕之。討論潤色宜益衆也。而獨任於一官何哉。且古之賢者求辭命之善爾。不有其己也，故世叔討論而裨諶不以爲歉。子産潤色而子羽不以爲羞。後世爲命者反是。此辭命所以有愧於古也。○南軒張氏曰：鄭所以能自保者，亦以辭命之善，而其辭命之善則以夫衆賢之力耳。聖人稱之以見爲命猶當假衆賢之力，則夫事有大於是者，又可知矣。○葉氏少藴曰：子産獻入陳之捷於晉。晉人問入陳之罪，子産對焉。士莊伯不能詰。趙文子以爲辭順，而受之。子曰：晉爲伯，鄭入陳，非文辭不爲功。慎辭哉。辭命之當慎可知矣。○雙峯饒氏曰：裨諶想是素善造謀，故使之草創。世叔熟於典故，故使之討論。子羽行人之官，熟於應對，故又使之修飾。當時子産當國，事皆由之，然不自用己見，直待三子都了，却潤色之。合四子之長，則全美矣。○厚齋馮氏曰：鄭以小國介乎晉楚爭奪之衝，自簡公十二年用子産爲卿，又十年授之以政。子産知辭命之不善無以交鄰事大，解紛息爭也，故用是三人者草創討論修飾之。既成，乃從而潤色之，是以應對諸侯鮮有敗事。歷定、獻、聲公凡五十年間，得免兵禍，辭命之有益於人國如此哉。

○或問子産。子曰：惠人也。

子產之政不專於寬。然其心則一以愛人爲主。故孔子以爲惠人。蓋舉其重而言也。左傳昭公二十年。鄭子產有疾。謂子大叔曰。我死。子必爲政。唯有德者能以寬服民。其次莫如猛。夫火烈。民望而畏之。故鮮死焉。水懦弱。民狎而翫之。則多死焉。故寬難。疾數月而卒。大叔爲政。不忍猛而寬。鄭國多盜。取人於萑苻之澤。萑苻音丸蒲。澤名也。於澤中刼人。大叔悔之曰。吾早從夫子。不及此。興徒兵以攻萑苻之盜。盡殺之。及子產卒。仲尼聞之出涕曰。古之遺愛也。○朱子曰。子產心主於寬。雖說道政尚嚴猛。其實乃是要用以濟寬爾。所以爲惠人。○胡氏曰。子產爲政。黜汰侈。崇恭儉。作封洫。鑄刑書。惜幣爭承。皆以豐財足用。禁姦保民。其用法雖深。爲政雖嚴。而卒歸于愛。故夫子以惠人蔽之。然孟子以爲惠而不知爲政。禮記以爲能食民而不能教者。蓋先王之政之教。子產誠有所未及也。○雲峯胡氏曰。子產之惠。夫子指其心而言之。孟子所謂惠而不知爲政。不過以其乘輿濟人之一事而言。而其愛人之心固可知矣。

問子西。曰。彼哉彼哉。

子西。楚公子申。能遜楚國。立昭王而改紀其政。亦賢大夫也。左傳昭公二十六年。楚平王卒。令尹子常欲立子西。子西。平王之長庶子。曰。太子壬弱。壬。昭王也。子西長而好善。立長則順。建善則治。王順國治。可不務乎。子西怒曰。國有外援。謂秦。不可瀆也。瀆。慢也。王有適嗣。不可亂也。敗親速讎。不立壬。秦將來討。是速召讎也。亂嗣不祥。我受其名。惡名。賂吾以天下。吾滋不從也。楚國何爲。必殺令尹。令尹懼。乃立昭王。○定公六年。吳敗楚師。楚國大惕懼亡。令尹子西喜曰。乃今可爲矣。言知懼而後可治。於是乎遷都於鄀。音若。地名也。而改紀其政。以定楚國。然不能革其僭王之號。昭王欲用孔子。又沮在呂反止之。新安陳氏曰。夫子非見其不知人。不能爲國進人才耳。以私外之。集註提此其後卒召白公以致禍亂。事見大學或問止至善章內。則其爲人可知矣。彼哉者。外之之詞。吳氏曰。當時有三子西。鄭

駟夏楚宜申公子申也。駟夏未嘗當國無大可稱。宜申謀亂被誅相去又遠。宜皆所不論者。獨公子申與孔子同時

問管仲。曰。人也。奪伯氏駢邑三百。飯疏食。沒齒無怨言

人也。猶言此人也。問管仲曰人也。范楊皆以爲盡人道。集註以爲猶云此人也。如何。朱子曰。古本如此說。猶詩所謂伊人。莊子所謂之人也。若作盡人道說。除管仲是箇人。他人便都不是人。更管仲也未盡得人道。伯氏。齊大夫。駢邑。地名。厚齋馮氏曰。駢邑三百。伯氏食邑三百家也齒。年也。蓋桓公奪伯氏之邑以與管仲。伯氏自知己罪而心服管仲之功。故窮約以終身而無怨言。荀卿所謂與之書社三百。雲峯胡氏曰。周禮二十五家爲社。書社謂以社之戶口書於版圖者。凡三百社而富人莫之敢拒者。即此事也。荀子仲尼篇。齊桓公見管仲之能足以託國也。是天

下之大知也。遂立以爲仲父。是天下之大決也。立爲仲父而貴戚莫之敢妬也。與高國之位。而本朝之臣莫之敢惡也。高氏國氏。齊世卿也。與之書社三百。而富人莫之敢距也。距。敵也。言齊之富人莫有敢敵管仲者貴賤少長莫不秩秩然從桓公而貴敬之。是天下之大節也○雙峯饒氏曰。此篇凡說管仲夫子每護之。孟子排管仲。皆是救時而然。夫子之時人不知有王。仲尊王亦是有功。夫子所以護之。孟子之時天下之人皆知尊伯術而賤王道。孟子恐功利之說熾。故於桓文管晏一切抑之○或問管仲子産孰優曰。管仲之德不勝其才。子産之才不勝其德。然於聖人之學則槩乎其未有聞也新安陳氏曰。槩平斗斛之物。謂二人平等。皆未有聞於聖學也○慶源輔氏曰。管仲德不勝才。子産才不勝德。皆以資質言也。故其事業亦各隨其資以爲之。使其知聖賢大學之道。循序而漸進。成己以成物。則子産之德當與顏閔同科。而仲之才當與伊呂並駕矣○陳氏曰。二子皆無大學規模。須是有大學規模。乃爲王佐才。而伊呂周召其人也○雙峯饒氏曰。子産才不及仲。然却正當過

之如有君子之道四之類是也

○子曰貧而無怨難富而無驕易易去聲

處上聲下同貧難處富易人之常情然人當勉其難而不可忽其易也朱子曰貧則無衣可著無飯可喫存活不得所以無怨難富則自有衣著自有飯喫但若知義理稍能守分便是無驕所以易二者其勢如此○貧而無怨不及貧而樂者又勝似無諂者○敬夫說亦佳富而無驕不矜於外物者能之貧而無怨非內有所守者不能也或謂世有處貧賤而無失一旦處富貴則失其本心難易之論其不然耶此蓋未知無怨之味也所謂處貧賤而無失者特未見失於外耳又烏保其中之無怨耶蓋一毫有所不平於中皆為怨也故貧而無諂易貧而無怨難無怨則漸進於樂矣○胡氏曰貧之境逆而多不足之心富之境順而多有餘之意然處不足而心無不足者非無愧怍而真有得則不能故難處有餘而心未嘗有餘者苟自知收歛矜誇不萌者能之故易聖人因人情事勢而别其難易如此非謂但當勉

其難。而易者不必言。故集註又申明其不可忽之意○問貧而無怨。即貧而樂否。雙峯饒氏曰。能安於義命。則能無怨。若樂則心廣體胖。非意誠心正身修者不能及此。觀子貢以無驕對無諂。而夫子以樂對好禮。淺深可見

○子曰。孟公綽爲趙魏老則優。不可以爲滕薛大夫

公綽。魯大夫。趙魏。晉卿之家。老。家臣之長。上聲大家勢重而無諸侯之事。家老望尊而無官守之責。優有餘也。滕薛。二國名。大夫。任國政者。滕薛國小政繁。大夫位高責重。然則公綽蓋廉靜寡欲而短於才者也。新安陳氏曰。下章公綽之不欲。廉則不貪欲也。靜者恬淡不躁也。惟其廉靜寡欲。所以優爲趙魏老。惟其短於才。所以不可爲滕薛大夫。○胡氏曰。趙魏雖晉卿。執國之政。而家大如此。故勢尊。爲家臣之長者。苟能正己。則居其位有餘矣。滕薛雖諸

侯孟子言滕絕長補短將五十里則其國之小可知征伐朝聘之事所不容已大夫當國非才智過人則不足以勝其任○雙峯饒氏曰公綽爲魯大夫想不稱職故聖人謂止可爲趙魏老問國小如何政繁曰困於事大國如朝聘會盟征伐貢賦之類應接不暇問何爲如此曰上無王綱大陵小强役弱故至此○楊氏曰知之弗豫枉其才而用之新安陳氏曰用違其才之所長而納之於其所短是枉之謂則爲棄人矣此君子所以患不知人也言此則孔子之用人可知矣南軒張氏曰用人之方貴於處之得其當而已○齊氏曰孔子嘗曰君子不器又曰其使人也器之則公綽亦器也而孔子器器之者歟

○子路問成人子曰若臧武仲之知公綽之不欲卞莊子之勇冉求之藝文之以禮樂亦可以爲成人矣知去聲

成人猶言全人武仲魯大夫名紇下没反莊子魯卞邑大

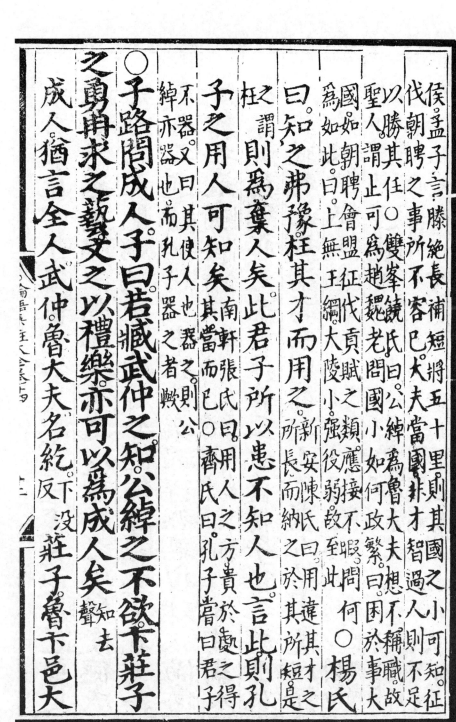

夫言兼此四子之長則知足以窮理廉足以養心勇足以力行藝足以泛應而又節之以禮和之以樂使德成於內而文見（形甸反）乎外則材全德備渾（上聲）然不見一善成名之迹（兼四子之長而然）中正和樂（音洛）粹然無復（扶又反）偏倚駁雜之蔽（新安陳氏曰節以禮則中正而無偏倚和以樂則和樂而無駁雜）而其為人也亦成矣然亦之為言非其至者蓋就子路之所可及而語（音御）之也若論其至則非聖人之盡人道不足以語此（新安陳氏曰此就亦字上推夫子言外之意○問四子之事朱子曰武仲左氏詳矣公綽前章外他無所見下莊子事見新序曰莊子養母戰而三北及母死齊伐魯莊子赴鬬三獲甲首以獻曰此塞三北遂赴齊師殺十人而死冉求之藝則夫子固嘗稱之矣○知而不能不欲則無以守其知不欲而不能勇則無以決其為

知。不欲且勇矣。而於藝不足。則於天下之事有不能者矣。然而有是四者。而又文之以禮樂。始能取四子之所長。去四子之所短。然此聖人方以爲亦可以爲成人。則猶未至於踐形之域也。問若聖人之盡人道則何以加此。曰。聖人天理渾全。不待如此逐項說矣。○洪氏以爲特以四子爲言者。四子皆魯人。而莊子與子路皆卞人。冉求又朋友也。其近而易知者爾。胡氏以爲言卞莊子。蓋以況子路爾。言有是一能。而不能兼衆子之長。與成於禮樂焉。則亦不足以爲成人矣。○胡氏曰。四子之長各有所偏。故必兼四子之長。四者相資。猶未足以合乎道。又必須文之以禮樂。禮以節之。則其乖戾矯激者消矣。此其所以中正和樂渾然粹然而至於成人矣。○雙峯饒氏曰。文以禮樂則不好亦成好底。四件都是質。須文之以禮樂。蓋節之以禮則凡事都有節制。和之以樂則中心和平而所發者中節。○雲峯胡氏曰。公綽之不欲。只是德而其才未備。武仲之知。卞莊子之勇。冉求之藝。只是才而其德未全。皆有一善成名之迹。至於武仲之要君。公綽之不可爲滕薛大夫。莊子輕死敵而不終於孝。冉有爲季氏聚斂。皆有偏倚駁雜之蔽。非文之以禮樂。固未見其渾然粹

然也

曰今之成人者何必然見利思義見危授命久要不忘平生之言亦可以爲成人矣

復扶又反下同加曰字者旣答而復言也授命言不愛其生持以與人也久要舊約也平生平日也有是忠信之實則雖其才知去聲禮樂有所未備亦可以爲成人之次也雙峯饒氏曰忠指授命信指久要似遺了思義一句蓋取與不苟亦非忠信者不能○南軒張氏曰見利思義無苟得也見危授命無苟避也久要不忘平生之言不食其言也是雖未有過人之才而亦毅篤忠信之人故在今日論之亦可以爲成人此亦思狂狷之意耳○程子曰知之明信之篤行之果天下之達德也若孔子所謂成人亦不出此三

者武仲。知也。公綽。仁也。卞莊子。勇也。冉求。藝也。須是合此四人之能。文之以禮樂。亦可以爲成人矣。然而論其大成。則不止於此。若今之成人。有忠信而不及於禮樂。則又其次者也。又曰。臧武仲之知。非正也。若文之以禮樂。則無不正矣。慶源輔氏曰。此亦舉武仲要君一事以例其餘耳。人之資稟雖善。然亦不能無偏。須學以成之。然後協于中正而無疵也。又曰。語成人之名。非聖人孰能之。孟子曰。唯聖人然後可以踐形。如此方可以稱去聲成人之名。胡氏曰。今之成人以下。乃子路之言。蓋不復聞斯行之之勇。而有終身誦之之固矣。未詳是否。趙氏曰。何必然三字似以前說爲疑。三者皆子路之所能。故胡氏疑其爲子路之言。○胡氏曰。此子路所已能。夫子方進子路於成人之域。豈又取其已能者而重奬之。○厚齋馮氏曰。子路成人之問。夫子蓋以子路之所知者。使之捨短集長增益其所未至爾。非謂成人之道盡於是也。子路猶以爲此古之成人之道。居今之世。有不必盡然者。謂誠能見利思義。見危授命。久要不忘平生之言。雖無禮樂亦云可矣。是三者。蓋子路之所優爲。抑以自許也。唯其自許如此。故臺下之役。卒以身徇。終不能明君臣之大義以正衛國之難。則亦不足以爲成人矣。行行如也。若不得其死然。則以未能文之以禮樂故也。○新安陳氏曰。使子路能行夫子之言。始於智以知此理。終合於禮中樂和之理。豈至死於一決之勇而不足以言義乎。胡氏以後一節爲子路之言。極是

○子問公叔文子於公明賈曰。信乎夫子不言不笑不取乎

公叔文子。衛大夫公孫枝也。公明。姓。賈。名。亦衛人。文子爲人其詳不可知。然必廉靜之士。故當時以三者稱之

新安陳氏曰。不言笑見其靜。不取見其廉。

公明賈對曰。以告者過也。夫子時然後言。人不厭其言。樂然後笑。人不厭其笑。義然後取。人不厭其取。子曰。其然。豈其然乎。

厭者苦其多而惡去聲之之辭。事適其可則人不厭而不覺其有是矣。是以稱之或過而以爲不言不笑不取也。然此言也非禮義充溢於中得時措之宜者不能。文子雖賢疑未及此。但君子與人爲善不欲正言其非也。故曰其然微疑之。豈其然乎。深疑之蓋疑之也。問夫子疑之何也。朱子曰。吳氏云。文子請享靈公也。史鰌曰。子富君貪。禍必及矣。觀此則文子之言豈能皆當。而其取豈能皆善乎。○惟其人不厭之所以有不言不笑不取之稱也蓋其言合節拍所以雖言而人不厭之雖言而實若不言也這不厭字意正如孟子所謂文王之囿方七十里民猶以爲小似公叔文子當時人稱之已過及夫子問之而賈所言又愈甚故夫子不信之○不言不笑不取似乎小却難若真能如此只是一偏之行然公明賈却說時然後言樂然後笑義然後取似乎易却說得大了蓋能如此則是時中之行也○南軒張氏曰公叔文子意者簡默重厚之士故人稱之如此聖人質之於其門人將以察其然也公明賈之言則善矣然非公叔文子之所及也蓋如賈所言非和順積中發而中節者莫能然不直謂不然而爲之疑辭曰其然豈其然乎聖人辭氣含洪忠厚如此○問時樂義與廉靜相去幾何雙峯饒氏曰廉靜是氣質好時樂義是義理自學問中發出底賈所稱非仁熟義精者不能文子氣質雖美未必能此也○吳氏曰稱其主曰夫子意猶對遽伯玉使者然公明盛稱文子之賢人反得以疑之遽伯玉使者但爲謙辭以對益以彰其主之美爲辭令者亦可以觀矣

○子曰臧武仲以防求爲後於魯雖曰不要君吾不信也

要平聲
防地名武仲所封邑也要有挾而求也武仲得罪奔邾
自邾如防使請立後而避邑以示若不得請則將據邑
以叛是要君也左傳襄公二十三年季武子無適子公彌
長即公鉏而愛悼子欲立之訪於臧紇臧
紇為立之季氏以公鉏為馬正家司馬孟孫惡臧孫季
孫愛之孟莊子疾豐點孟氏之御謂公鉏苟立羯莊子
庶子請讎臧氏孟孫卒公鉏奉羯立之孺子秩孟孫長
子奔邾臧孫入哭甚哀出孟氏閉門告季孫曰臧氏將
為亂季氏不信臧孫聞之戒為備也孟氏將辟婢亦反
藉除於臧氏辟穿藏也於臧氏借人除葬道臧孫使正
夫隧正助之除於東門甲從才用反己而視之孟孫又以
告季孫怒命攻臧氏見其有甲故臧紇斬鹿門之關以
出奔邾臧賈臧為出在鑄二人乃宣叔娶鑄國所生與
紇兄弟也臧武仲使告臧賈且致大蔡焉大龜出蔡因
號大蔡曰紇不佞失守宗祧敢告不弔紇之罪不及不
祀子以大蔡納請其可賈再拜受龜使為以納請遂自

爲也。臧孫如防。使來告曰。紇非能害也。知不足也。言使甲從已。但慮事淺耳。非敢私請。苟守先祀。無廢二勳。文仲與宣叔敢不避邑。乃立臧爲。臧紇致防而奔齊。○范氏曰。要君者無上。孝經語罪之大者也。武仲之邑受之於君。得罪出奔。則立後在君。非己所得專也。而據邑以請。由其好知並去聲而不好學也。慶源輔氏曰。凡人溺於智而不知學。不鑿以爲私。則必蕩而失正。武仲二病皆有之。且意萌於中。迹著於外。雖欲欺人。而人之視己。如見其肺肝然。武仲之智而不足以知此。則亦以好智而不好學之故也。楊氏曰。武仲卑辭請後。其跡非要君者。而意實要之。夫子之言。亦春秋誅意之法也。和靖尹氏曰。據邑以請立。非要君而何。如不知義者將以武仲之存先祀爲賢。故夫子正之。○雙峯饒氏曰。武仲只當請後。不當據邑。夫子不罪其請。罪其據邑也。使武仲請後果以防爲言。則要君之迹彰而易見。唯不以防爲言。則要君之心隱而難知。既用智以要君。又欲逃罪

以欺世。此夫子之言所以爲春秋誅意之法也

○子曰。晉文公譎而不正。齊桓公正而不譎。譎古穴反

晉文公名重平聲耳。齊桓公名小白。譎。詭也。二公皆諸侯盟主。攘夷狄以尊周室者也。雖其以力假仁。心皆不正。然桓公伐楚。仗義執言。不由詭道。猶爲彼善於此。左傳僖公四年春。齊侯以諸侯之師侵蔡。蔡潰。蔡自北杏一與中國之會。而棄諸姬黨楚國。故齊伐楚而先事侵蔡。潰蔡者。先拔楚之黨也。遂伐楚。楚子使與師言曰。君處北海。寡人處南海。唯是風馬牛不相及也。北牡相誘曰風。言雖馬牛風逸亦不相及。喻地遠不相干也。不虞君之涉吾地也。何故。管仲對曰。昔召康公命我先君大公音太曰。五侯九伯。女實征之。以夾輔周室。賜我先君履所踐履之界。東至于海。西至于河。南至于穆陵。北至于無棣。索隱曰。淮南有故穆陵門。無棣在遼西孤竹。尒貢包茅不入。包。裹束也。禹貢荆州包匭菁茅。蓋取三脊之茅。包

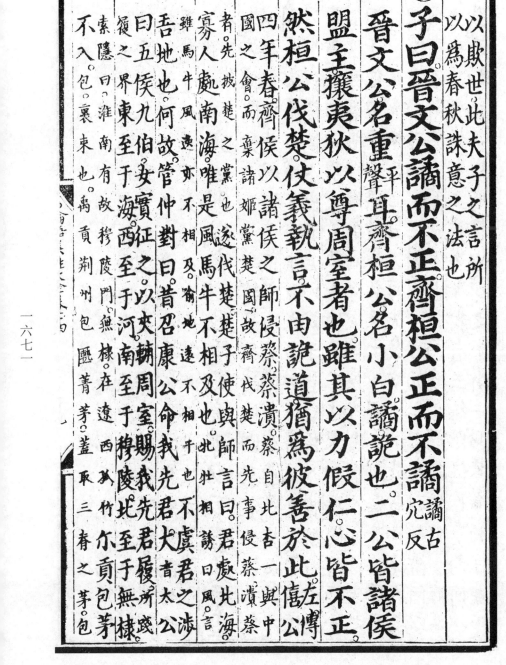

裹匭匣盛之以貢周王祭不共。音供無以縮酒。祭祀必束茅而灌之以酒爲縮酒寡人是徵。昭王南征而不復。昭王成王孫。南巡狩濟漢水船壞而溺死寡人是問。對曰。貢之不入。寡君之罪也。敢不供給。昭王不復。君其問諸水濱。昭王時漢非楚境。故楚不服師進次于陘。楚地夏楚子使屈完如師。使大夫請盟師退次于召陵。次于召陵之地以聽楚成文公則伐衛以致楚而陰謀以取勝其譎甚矣。左傳僖公二十七年。楚子及諸侯圍宋。宋如晉告急。狐偃曰。楚始得曹而新昏於衛。若伐曹衛。楚必救之。則齊宋免矣。前年楚申叔戍穀以逼齊二十八年。晉侯侵曹伐衛。衛人出其君以說于晉。晉侯入曹。執曹伯分曹衛之田以畀宋人。楚子使子玉去宋。曰。無從晉師。子玉使宛春告于晉師曰。請復衛侯而封曹。臣亦釋宋之圍。子犯曰。子玉無禮哉。君取一。以釋宋圍惠晉侯臣取二。以復曹衛爲己功不可失矣。言可伐先軫曰。定人之謂禮。楚一言而定三國。我一言而亡之。我則無禮。何以戰乎。不許楚言。是棄宋也。救而棄之。謂諸侯何。言將爲諸侯所怪楚有三施。去聲我有三怨。怨仇已多。將何以戰。不如私許復曹衛以攜之。私許二國使告絕于楚而後復之。攜。離也執宛春以怒楚。既戰而後圖之。公說。乃拘宛春於衛。且私許復曹衛。曹衛告絕于楚。子玉怒。從晉師。欒枝使輿曳柴而僞遁。楚師馳之。原軫以中軍公族公所率之軍橫擊之。楚師敗績。晉師三日館穀。館。舍也。食楚軍之穀三日

二君他事。亦多類此。新安陳氏曰。上引二事以著其實。此即二事以推其餘。**故夫子言此以發其隱。**慶源輔氏曰。桓公責楚以包茅不貢。及昭王不復。二事。進次而不遂戰。既服而與之盟。是仗義執言不由詭道也。文公始則伐曹衛以致楚師之救。終則復曹衛以攜二國之交。是伐衛以致楚而陰謀以取勝也。就霸者之中論桓文之事。則文譎而不正。桓正而不譎。若較之王者表裏無疵。粹然一出於正者。固不可同年而語矣。○齊氏曰。二公之伯。皆以勝楚。楚罪莫大於僭王猾夏。孔子於春秋書齊曰侵蔡。蔡潰。遂伐楚。而於晉僅書曰及楚戰于城濮。則晉之有歉於聲罪致討也。亦已著矣。○新安陳氏曰。二公心皆不正。論其彼善於此。則桓稍優於文耳。晉文固譎。齊桓亦非純乎正者。若粹然一出於正。其惟王道乎

○子路曰：桓公殺公子糾，召忽死之，管仲不死。曰：未仁乎？

糾，居黝反。召，音邵。

按《春秋傳》：齊襄公無道，鮑叔牙奉公子小白奔莒音舉。及無知弑襄公，管夷吾、召忽奉公子糾奔魯。魯人納之，未克，而小白入，是爲桓公。使魯殺子糾而請管、召，召忽死之，管仲請囚。鮑叔牙言於桓公，以爲相。去聲○《左傳》莊公八年，齊侯使連稱、管至父戍葵丘。二人，齊大夫。戍，守也。瓜時而往，及瓜而代。期音基戍，公問不至。問，命也。請代，弗許，故謀作亂。僖公之母弟曰夷仲年，生公孫無知，有寵於僖公，衣服禮秩如適。適，大子。襄公絀之，二人因之以作亂，遂殺襄公而立無知。初，襄公立無常，政令不常。鮑叔牙曰：君使民慢，亂將作矣。奉公子小白襄公庶子出奔莒。亂作，管夷吾、召忽奉公子糾小白庶弟來奔。九年春，雍廩齊大夫殺無知。夏，公伐齊，納子糾。桓公自莒先入。秋，師及齊師戰于乾時。我師敗績。鮑叔帥師來言曰。子糾親也。請君討之。管召仇也。請受而甘心焉。甘心，言欲快意戮殺之。乃殺子糾于生竇。魯地。召忽死之。管仲請囚。鮑叔受之。及堂阜。齊地。而稅。他活反。之。歸而以告曰。管夷吾治於高傒。音奚。齊卿高敬仲也。言管仲治理政事之才。多於敬仲。使相可也。公從之。子路疑管仲忘君事讎。忍心害理。不得爲仁也。

問集註謂忍心害理不得爲仁。忍心之忍。是殘忍之忍否。朱子曰。傷其惻隱之心。便是忍心。如所謂無求生以害仁。害仁便是忍心也。○慶源輔氏曰。忘所君。謂不顧糾死。事仇。謂相桓。忍心。謂心所當爲而忍之使不爲。害理。謂理所當然而咈之使不然。忘君事仇。即忍心害理也。○程子曰。桓公兄而子糾弟。襄公死則桓公當立。此以春秋知之。春秋書桓公則曰齊小白。言當有齊國也。於子糾則止曰糾。不言齊。以不當有齊也。不言子。非君之嗣子也。公穀幷註四家皆書納糾。左傳獨言子糾。誤也。然書齊人取子糾殺之者。齊大夫嘗與魯盟于蔇。既納糾以爲君。又殺之。故書子。是罪魯也。○問春秋於糾上一無子字。一有子字。何也。雙峯饒氏曰。始以納之爲非。故去子以明其不當納。終以殺之爲非。故

又稱子以明其不當殺

子曰：桓公九合諸侯，不以兵車，管仲之力也。如其仁，如其仁。

九，春秋傳作糾，督也，古字通用。左傳僖公二十六年，齊孝公伐我北鄙，公使展喜犒師曰：昔周公、太公股肱周室，夾輔成王。成王勞之而賜之盟，曰：世世子孫無相害也。載書在盟府，大師職之。職，主也。太公爲太師，兼主司盟之官。桓公是以糾合諸侯而謀其不協，彌縫其闕而匡救其災，昭舊職也。

不以兵車，言不假威力也。如其仁，言誰如其仁者。又再言以深許之。蓋管仲雖未得爲仁人，而其利澤及人，則有仁之功矣。程子曰：管仲不死，觀其九合諸侯不以兵車，乃知其仁也。若無此，則貪生惜死，雖匹夫匹婦之諒亦無也。○朱子曰：九之爲糾，展喜之詞，而糾合宗族之類，亦其證也。說者不考其然，乃直以爲九會諸侯至數桓公之會不止於九則又因不以兵車之文而爲之說曰衣裳之會九餘則兵車之會也公穀以來皆爲是說可謂鑿矣○召忽之失在輔子糾以爭國而不在於死管仲之得在九合之功而不在於不死仲之可以不死正以小白兄而子糾弟耳夫子特以忽之功無足稱而其死不爲過仲之不死亦未嘗害義而其功有足褒爾固非予仲之生而貶忽之死也○仁之一字以德而言則必心無私而事當理乃能當之若言其功則推利澤及人有恩有惠便可稱之初不計德之如何也○推仲之仁是粗處至精處則顏子三月之後或違之○如漢高祖唐太宗未可謂之仁人然戰國至暴秦其禍極矣漢高祖出而平定天下隋末殘虐尤甚太宗出而掃除以致貞觀之治此二君豈非仁者之功耶仲之功亦猶是也○慶源輔氏曰仁者安仁蓋天理渾然無一息之不存無一物之不體管仲之於德其違闕者多矣顧何足以語此然使桓公糾合諸侯攘夷狄尊周室不假威力無所殺傷則利澤及人是亦仁者之功效矣○蔡氏曰子路舉忽之死仲之不死是以忽爲殺身成仁仲爲未仁夫子答以仲有仁之功如此忽豈能如仲之仁乎是以忽仲比而言之非泛許仲以仁也下章匹

夫婦之諒。亦指忽而言。○新安陳氏曰。仁有以心術之精微言者。非大賢以上之安仁不足以當之。有以事功之顯著言者。如管仲有仁者之功亦足以爲仁矣。子路好勇。死非所難。而處死爲難。故夫子不非仲無死節之義。反取仲有及人之仁。亦所以曉子路而箴之也

○子貢曰。管仲非仁者與。桓公殺公子糾。不能死。又相之。與平聲相去聲

子貢意不死猶可。相之則已甚矣。慶源輔氏曰。子路勇者也。故有取於召忽之死。而以管仲之不死爲未仁。子貢智者也。故以仲之不死爲猶可。而以其相桓爲已甚。而非仁

子曰。管仲相桓公。霸諸侯。一匡天下。民到于今受其賜。微管仲。吾其被髮左衽矣。被皮寄反衽而審反

霸與伯同。長上聲也。匡。正也。尊周室。攘夷狄。皆所以正天

下也。微無也。衽衣衿也。被髮左衽。夷狄之俗也。問令尹子文陳文子之事。則原其心而不與其仁。至管仲。則以其功而許其仁。若有可疑者。朱子曰。管仲之功自不可泯沒。聖人自許其仁者之功。且聖人論人功過。自不相掩。功自還功。過自還過。所謂彼善於此則有之矣。若以管仲比伊周。固不可同日語。若以當時大夫比之。則在所當取。當是之時。楚之勢駸駸可畏。治之少緩。則中國皆爲夷狄。故曰。微管仲。吾其被髮左衽矣。南軒張氏曰。只爲子路疑其未仁。子貢疑其非仁。故舉其功以告之。若二子問管仲仁乎。則所以告之者異矣。厚齋馮氏曰。劉定公稱禹之功曰。微禹。吾其魚乎。吾與子弁冕端委以治民臨諸侯。禹之力也。必推至此。然後見禹之有大功。夫子稱仲之仁。至於被髮左衽。則仲之功大矣。

豈若匹夫匹婦之爲諒也。自經於溝瀆而莫之知也。

諒。小信也。經。縊壹計反也。莫之知。人不知也。後漢書引此文。莫字上有人字。後漢應劭字仲遠。獻帝時奏議曰。昔召忽親死子糾之難。而孔子曰。經於溝瀆人莫之知○程子曰。桓公兄也。子糾弟也。前漢淮南厲王長。高帝少子也。驕恣不用漢法。文帝重自切責之。重。難也。時帝舅薄昭爲將軍尊重。上令昭與厲王書諫數之曰。昔者周公誅管叔放蔡叔以安周。齊桓殺其弟以反國。秦始殺兩弟遷其母以安秦。仲私於所事輔之以爭國。非義也。桓公殺之雖過。而糾之死實當。去聲仲始與之同謀。遂與之同死可也。知輔之爭爲不義。將自免以圖後功。亦可也。故聖人不責其死而稱其功。若使桓弟而糾兄。管仲所輔者正。桓奪其國而殺之。則管仲之與桓不可同世之讎也。若計其後功而與其事桓。聖人之言無乃害義之甚。啓萬世反覆不忠之亂乎。如唐之王珪魏徵。不死建成之難去聲而從太宗。可謂害於義矣。

後雖有功何足贖哉。唐書王珪傳。建成爲皇太子。授中書舍人遷中允。禮遇良厚。太子與秦王建成弟世民也有隙。帝高祖責珪不能輔導。流嶲州。太子已誅。太宗即秦王召爲諫議大夫。○魏徵傳。太子引爲洗馬。官名徵見秦王功高。陰勸太子早爲計。太子敗。世民伏兵於玄武門。世民射建成殺之王責謂曰。尔鬩吾兄弟柰何。王。即秦王。鬩。鬪也答曰。太子早從徵言。不死今日之禍。王器重也其直。無恨意。即位。太宗即位拜諫議大夫愚謂管仲有功而無罪故聖人獨稱其功王魏先有罪而後有功。輔太宗致太平則不以相掩可也。問程子可也亦可也二說。朱子曰。前說亦是。可但自勉以圖功。則可之大者又問孟子可以死。可以無死。始見其可死。後細思之。又見其可以無死。則前之可者爲不可矣。曰。便即是此意○問仲始同糾謀。雖有可死之道。而桓兄當立。則無不可事之理。蓋仲雖糾之傳。然非糾之臣。乃齊臣也。桓公當立。則桓乃吾君。所當事也。但仲之罪。乃在不能諫糾之爭。而反輔糾以爭耳。是其不死。殆知前之爭爲不義而非求爭之比也。故夫子答子路未仁之問。曰如其仁。

以爲不死之未仁。不如九合之仁也。答子貢非仁之問。則曰豈若匹夫匹婦之爲諒自經於溝瀆而莫之知。豈若云者。是以仲之不死過於死也。故嘗以程子之說爲正。而以召忽之死爲守節。仲之不死爲改過。曰。此論甚善。但仲之意未必不出於求生。然其時義尚有可生之道。未至於害仁耳。○雲峯胡氏曰。管仲相桓公以下。答子貢所謂又相之。豈若匹夫以下。答子貢所謂不能死。蓋一死則於子糾未有君臣之分。當時未足以見其義。相則爲天下正華夷之分。而天下後世皆得以被其仁。仲蓋有以處此矣

○公叔文子之臣大夫僎與文子同升諸公僎上免反

臣。家臣。公。公朝。朝音潮謂薦之與己同進爲公朝之臣也

子聞之曰。可以爲文矣

文者順理而成章之謂。謚法亦有所謂錫民爵位曰文者。見公冶長篇孔文子何以謂之文也章。○胡氏曰。其才德足以爲大夫而薦之爲大夫。順理也。以家臣之

賤而與之同列無慊焉成章也彼錫民爵位特其迹爾○洪氏曰家臣之賤而引之使與己並有三善焉知人一也忘己二也事君三也慶源輔氏曰知人智也忘己公也事君忠也有是三者則理順章成而粲然可觀矣安得不謂之文哉然文王之文舉全體而言此與孔文子之文取一事而言○厚齋馮氏曰文子卒其子請謚謚以貞惠文子蓋以修其班列以與四鄰交備國之社稷不辱故謚以文初不爲薦其臣僎同升諸朝而謂之文也特夫子稱其可以爲文有以見文子之不愧其謚耳○雙峯饒氏曰今之所謂謚法未必果出周公恐後人因經傳所有而傳會之如錫民爵位謂之文直無意義夫子所稱蓋謂文子所爲如此是亦無愧於文之謚矣非指此爲文也孔文子好學下問是以謂之文却是正說所以爲文之義○新安陳氏曰說者以文子得謚之故見諸檀弓夫子聞其與家臣同升諸公則是文子薦僎之時非身後也謚法錫民爵位曰文蓋後人用孔子之意以爲謚爾此過論也蓋孔子於其既謚之後聞其嘗有此薦賢之美事故稱此一事而謂可以無愧於文之謚耳豈可於其人之

身存而預議其謚哉

○子言衛靈公之無道也康子曰夫如是奚而不喪夫音扶喪去聲下同

喪失位也

孔子曰仲叔圉治賓客祝鮀治宗廟王孫賈治軍旅夫如是奚其喪

仲叔圉即孔文子也三人皆衛臣雖未必賢而其才可用靈公用之又各當去聲其才胡氏曰圉即敏學好問者賈即問奧竈者鮀即以佞免於今世者如圉幾矣賈之竊權鮀之善佞治世之罪人也然事神治軍各有所長而用之使各得以盡其所長耳○鄭氏舜舉曰子適衛者五蓋有拳拳之意焉亦以靈公善用人庶或可以有爲爾○雙峯饒氏曰治賓

客得其人。則朝聘往來之際無失禮於鄰國。而不至於啓釁召禍。治軍旅得其人。則緩急有備而敵國不敢窺。治宗廟得其人。則籩豆靜嘉。牲牷肥腯。神人胥悅。亦可以繫屬人心之本也。三者皆國之大本。故得其人。亦可以無喪。○東陽許氏曰。夫子平日語此三人皆所不許。而此章之言乃若此。可見聖人不以其所短棄其所長。至公之心也。用人當以此爲法。但欲當其才耳。○尹氏曰。衛靈公之無道宜喪也。而能用此三人。猶足以保其國。而況有道之君能用天下之賢才者乎。詩曰。無競維人。四方其訓之。詩大雅抑之篇。競強也。言莫強於用人。則四方其以爲訓矣。○南軒張氏曰。以衛靈公之無道。然所用得其才。猶足以無喪。雖然。僅能維持使之勿喪而已。若身正於上而用得其人。則孰能禦焉

○子曰。其言之不怍。則爲之也難。

大言不慙。則無必爲之志。而自不度音鐸其能否矣。欲踐

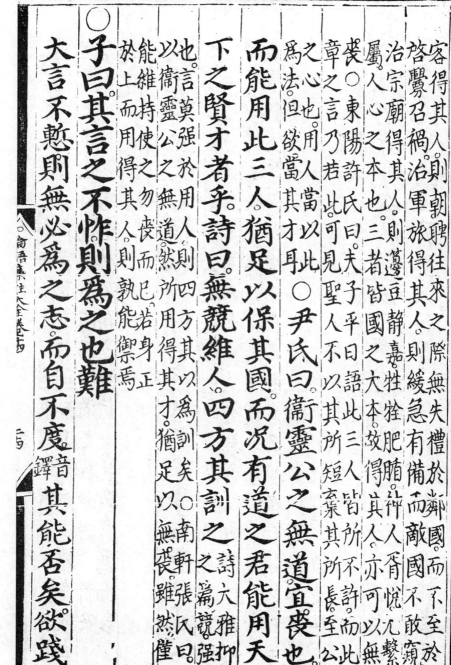

其言豈不難哉南軒張氏曰易其言者實必不至若聽其言而不怍則知其爲之也難矣故古者言之不出恥躬之不逮而仁者之言必訒○新安陳氏曰輕於言者必不務力於行也此必有爲而言

○陳成子弑簡公

成子齊大夫名恒胡登反簡公齊君名壬事在春秋哀公十四年左傳齊簡公之在魯也簡公悼公陽生子壬也時從其父奔在魯闞止有寵焉及即位使爲政陳成子憚之驟顧諸朝五月壬申成子殺子我即闞止庚辰執公于舒州甲午弑之孔丘三日齊而請伐齊三公曰魯爲齊弱久矣子之伐之將若之何對曰陳恒弑其君民之不與者半以魯之衆加齊之半可克也公曰子告季孫孔子辭辭不告退而告人曰以吾從大夫之後也故不敢不言

孔子沐浴而朝告於哀公曰陳恒弑其君請討之朝音潮

是時孔子致仕居魯沐浴齊側皆反戒以告君重其事而

不敢忽也臣弑其君人倫之大變天理所不容人人得
而誅之況鄰國乎故夫子雖已告老而猶請哀公討之
張子曰天子討而不伐諸侯伐而不討故雖湯武之舉
不謂之討而謂之伐陳恒弑其君孔子請討之此必因
周制鄰有弑逆諸
侯當不請而討
公曰告夫三子夫音扶下告夫同
三子三家也時政在三家哀公不得自專故使孔子告
之
孔子曰以吾從大夫之後不敢不告也君曰告夫三子者
孔子出而自言如此意謂弑君之賊法所必討大夫謀
國義所當告君乃不能自命三子而使我告之邪

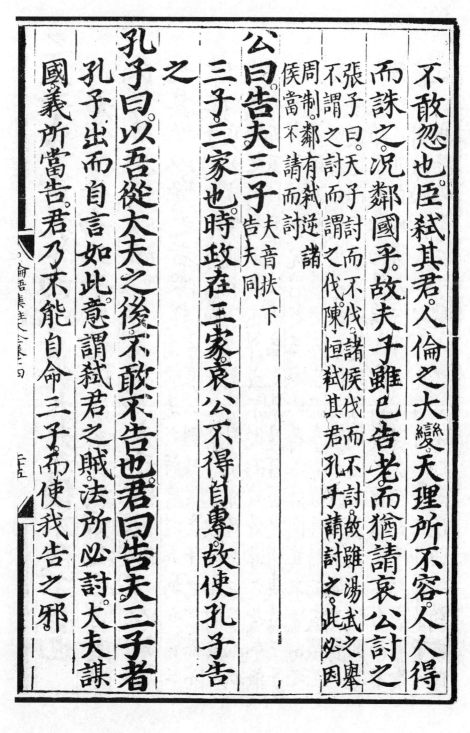

之三子告不可孔子曰以吾從大夫之後不敢不告也

以君命往告而三子魯之强臣素有無君之心實與陳氏聲勢相倚故沮（在呂反）其謀而夫子復（扶又反下同）以此應之其所以警之者深矣

問當是之時魯之兵柄分屬三家哀公雖欲從夫子之言然不告三子則兵不可出而孔子之意乃不欲往告何哉朱子曰哀公誠能聽孔子以討齊亂則亦召夫三子而以大義昭之耳理明義正雖或不從而孰敢違之哉今無成命而反使孔子往而告之則是可否之權決於三子而不決於公也況魯之三家即齊之陳氏其不欲討之必矣是則不惟名義之不正而事亦豈可得而成哉然夫子以君命之重也故不得已而一往焉而冀其萬一之或從也而三子果以爲不可則復正言之以明從違在彼雖不敢必而君臣大倫所繫之重雖欲不告而不敢以已其所以警夫三子者亦深矣○夫子初告時眞箇欲討陳恒後人知聖人此言可以警三子非是聖人託討成子以警三子聖人之心不如是迂曲○新安陳

氏曰以吾已致仕從大夫之後尚激於義不敢不告則正爲君卿大夫者當何如警之在此○程子曰左氏記孔子之言曰陳恒弑其君民之不予與同者半以魯之衆加齊之半可克也此非孔子之言誠若此言是以力不以義也若孔子之志必將正名其罪上告天子下告方伯而率與國以討之至於所以勝齊者孔子之餘事也豈計魯人之衆寡哉當是時天下之亂極矣因是足以正之周室其復興乎魯之君臣終不從之可勝平聲惜哉 問程子以左氏所記爲非夫子之言然則夫子之戰將不復計其强弱而獨以大義驅之耶朱子曰程子之意以爲夫子告魯當明君臣之義以見弑逆大惡天下所不容人人得誅之況在鄰國而可以不討之乎而其爲計則必請其君以上告天子下告方伯舉天下之兵以誅之以天下之兵討天下之賊彼

雖衆强。奚以爲哉。固不當區區獨較齊魯之强弱。而以天下之公義爲一國之私也。左氏所記。蓋傳聞之謬。以衆人之腹爲聖人之心耳。○春秋之時。三綱淪矣。孔子請討弑逆。此天下之大幾也。斯事一正。三綱可整。天下事可次第舉矣。沐浴而朝。敬其事以卜天意也。胡氏曰。春秋之法。弑君之賊。人得而討之。仲尼此舉。先發後聞可也。問程子以爲必告之天子。胡氏乃以先發後聞之說何耶。朱子曰。考之春秋。先王之時。疑必自有此法。凡弑君者。人人得而討之。如漢所謂天下共誅之者。然事非一槩。告與不告。又在乎時義之如何。使其地近於天子。而可告。事未迫遽。而得以告。力之不足以敵。而不得不告。則告之。而俟命以行。甚則或不俟命而遂行。皆可也。使其地之相去也遠。其事幾之來也不可少緩。吾之力又足以制之。而乃區區焉徇請命之小節。忘逆賊之大罪。使彼得以植其根固其黨。或遂奔逸而不可以復得。則任其事者亦不免乎春秋之責矣。○雲峯胡氏曰。程子所謂上告天子者。經也。胡氏所謂先發後聞者。權也。然先發後聞。謂魯也。非謂孔子也。○厚齋馮氏曰。是年西狩獲麟。春秋絶筆焉。而不復書陳恒之事蓋有所傷感焉。而魯之事不可爲矣。○新安陳氏曰：沐浴而朝，蓋欲齋戒積誠以感君心也。獲麟在哀公十四年之春，請討在是年之夏。使此請聖人得遂其志，則三綱復正，周室復興，春秋可不必作矣。惟此請之不遂，此春秋所以不得不作也。春秋作而亂賊懼，雖不得扶植當世之三綱，而可以扶植萬世之三綱焉。

○子路問事君。子曰：勿欺也，而犯之。

犯，謂犯顔諫爭。去聲○范氏曰：犯非子路之所難也，而以不欺爲難，故夫子告以先勿欺而後犯也。問：子路勇於義，何難於不欺？特其燭理之不明，好強其不知以爲知，是以陷於斯耳。朱子曰：以使門人爲臣一事觀之，子路之好勇必勝，恐未免於欺也。○問：子路豈欺君者？莫只是勇，便解恁地否？曰：是恁地。子路性勇，凡言於人君，要他聽，或至於說得太過，則近乎欺。如唐人諫敬宗遊驪山，謂驪山不可行，若行必有大禍。夫驪山固是不可行，然以爲有大禍，則近於欺矣。要之，雖不失爲愛君，而其言則欺矣。○勉齋黄氏曰：僞言不直謂之欺，直言無隱謂之犯。欺與犯正相反也。夫子告子路之辭。推其本意。乃是一戒一勸兩面平説之辭。若反覆以觀。則能無欺。而不能犯。則未免有回互之失。能犯矣。而不能勿欺。則未免有矯飾之病。此又不可不以爲戒也。○洪氏曰。忠而犯之。所謂有犯無隱。欺而犯之。是犯上也。○雙峯饒氏曰。事君以不欺爲本。然不欺甚難。須是平日於愼獨上實下工夫。表裏如一。方能如此。今人自家好色好貨。卻諫其君勿好色好貨。皆是欺君

○子曰。君子上達。小人下達。

君子反天理。故日進乎高明。小人徇人欲。故日究乎汙音烏下。朱子曰。上達是曉得透徹。到那總頭處。不特知到這裏。行也到這裏了。○凡百事上皆有達處。惟君子就中得箇高明底道理。小人就中得箇汙下底道理。○君子一日長進似一日。小人一日沈淪似一日。究者究竟之義。言究竟至於極也。初間只差些子。少間究竟將去越差得多。今人做錯一件事。説錯一句話。不肯當下覺悟便改。卻只管去救其失。少間救得過失越大。無不是如此。○胡氏曰。反天理。徇人欲。上達下達之原也。

進高明究汙下。上達下達之效也。人心萬理皆具。人欲或得以奪之。故有待於反之也。能復乎天理。而不以一毫私欲自累。則高矣。不以一毫私欲自蔽。則明矣。苟徇乎耳目口鼻四肢之欲。益趨於貪濁之地。則汙矣。益流於苟賤之域。則下矣。進則升而愈崇。究則洸而愈卑。○南軒張氏曰。上達者反本窮理也。下達者趨末徇欲也。○皆云達者。如喻義喻利皆云喻也。○雲峯胡氏曰。夫子嘗曰下學而上達。其所謂上下者。天理人事之貫。此所謂上達下達。天理人欲之分也

○子曰。古之學者爲己。今之學者爲人。爲去聲

程子曰。爲己欲得之於己也。爲人。欲見知於人也。慶源輔氏曰。爲己爲人之學。其差只在毫氂之閒。唯欲得之於己。則不必見知於人。纔欲見知於人。則不必得之於己。欲得於己者。收斂篤實。欲見知於人者。輕浮淺露。○程子曰。古之學者爲己。其終至於成物。今之學者爲人。其終至於喪去聲己。問程子兩段不同。朱

子曰前段是低底爲人只欲見知於人而已後段是好底爲人却是真箇要爲人然不曾先去自家身己上做得工夫非惟爲那人不得末後連己也喪了

愚按聖賢論學者用心得失之際其說多矣然未有如此言之切而要者於此明辯而日省悉井反下章同之則庶乎其不昧於所從矣朱子曰今須先正路頭明辯爲己爲人之別直見得透却旋旋下工夫則意思自通知識自明踐履自正積日累月漸漸熟若見不透路頭錯了則讀書雖多爲文日工終做事不得○雙峯饒氏曰此章當看者字言同此一箇學但學之者用心不同古之學此者其心要得之於己今之學此者其心要求知於人如三年學已自是了但志在於祿則非爲己之學也若如後世刑名術數記誦詞章之學則所學已與古人背馳何必更論其用心之同異孔子之時世教雖衰其學之陋尚未至此○新安陳氏曰同一學也爲己爲人之間古今之不同於此分焉學者當審其幾於用心之初可也

○蘧伯玉使人於孔子使去聲下同

蘧伯玉衛大夫名瑗于眷反孔子居衛嘗主於其家既而反魯故伯玉使人來也

孔子與之坐而問焉曰夫子何爲對曰夫子欲寡其過而未能也使者出子曰使乎使乎

與之坐敬其主以及其使也夫子指伯玉也言其但欲寡過而猶未能則其省身克己常若不及之意可見矣雲峯胡氏曰省身常若不及惟恐其身之有過而常加省察也克己常若不及惟恐其過未改而常加克治也使者之言愈自卑約而其主之賢益彰亦可謂深知君子之心而善於詞令者矣故夫子再言使乎以重直用反

美之。按莊周稱伯玉行年五十而知四十九年之非。又
曰伯玉行年六十而六十化。淮南子曰。蘧伯玉行年五十而知四十九年非。○莊
子則陽篇。蘧伯玉行年六十而六十化。未嘗不始於是之。而卒詘與屈同之以非也。○朱子曰。化是舊事都消
融了無固滯。○雙峯饒氏曰。行年五十而知四十九年之非非是至五十歲頓然有悟也。化者。變化之謂言氣
質變化一年勝似一年。至於行年六十而猶變化未已也。蓋其進德之功老而不倦
是以踐履篤實。光輝宣著。不惟使者知之。而夫子亦信
之也。南軒張氏曰。伯玉之使。其言雖謙。而意義亦事情稱也。夫欲寡過而未能。非篤於進德修業者莫知
此味也。則伯玉之賢可知矣。而其使之才亦可知矣。○慶源輔氏曰。使者不以伯玉之德著見於外者言。而以
伯玉之心克治於內者告。且曰欲而未能。不獨其言謙抑畀下。而又深有得於聖賢爲己之學。常如不及之意
可謂知德而能言矣。○雙峯饒氏曰。欲寡其過而未能一句意味深長。學者常存此心。乃進德之本也。○新安

陳氏曰，欲寡過則不自是，不謂已能寡過則不自足。此撿身常若不及之心也。進善其有窮乎。非伯玉之賢不能如此存心，非使者之賢不能知伯玉此心，宜夫子有味其言而深賞之。○吳氏曰，論語中夫子從其出而稱之者二，南宮适出、伯玉使者出是也；從其出而斥之者二，宰我出、樊遲出是也。聖人氣象從容，如天地之生物，陽舒陰慘，無非教也。千載而下，猶可想見之。

○子曰：不在其位，不謀其政。

重出。已見泰伯篇。

○曾子曰：君子思不出其位。

此艮卦之象辭也。易艮卦大象傳辭曰：兼山艮，君子以思不出其位。曾子蓋嘗稱之，記者因上章之語而類記之也。○范氏曰，物各止其所，而天下之理得矣。故君子所思不出其位，而君臣上下大小皆得其職也。南軒張氏曰：位非獨職位，大而君臣父子，微而一事一物，當其時與其地，所思止而不越，皆不出其位也。非有主於中，其能然乎？○勉齋黃氏曰：位，身所處之地也。爲君則思君道，爲臣則思臣道，此位也。當食則思食，當寢則思寢，此亦位也。越所處而思，則爲出其位矣。○雙峯饒氏曰：上章竊謀攻者言不在其位之位，指職位而言也。此章泛言君子之所思本不出其位，字比上章又說得闊，如爲人子則思孝，爲人臣則思忠，素富貴則思所以行富貴，素貧賤則思所以行乎貧賤，皆是也。○雲峯胡氏曰：艮，止也。思不出其位，身之所處止其所，心之所思亦止其所也。

○子曰：君子恥其言而過其行。行，去聲。

恥者，不敢盡之意。過者，欲有餘之辭。朱子曰：過，猶易喪屬過乎哀，用過乎儉之過，謂力行也。○勉齋黃氏曰：言放易，故當恥；行難盡，故當過。○胡氏曰：或謂恥其言之過於行，固通，必如集註釋爲兩事，斯得夫子立言之本意。○雙峯饒氏曰：過其行與恥其言對，謂行當過於其言。如云說七分而行十分相似。○厚齋馮氏曰。恥之者。恐其言之浮於行也。過之者。欲其行之浮於言也。

○子曰。君子道者三。我無能焉。仁者不憂。知者不惑。勇者不懼。知去聲

自責以勉人也。三句解見子罕篇。○朱子曰。道體無窮。聖人未嘗見其有餘也。亦有勉進學者之意

子貢曰。夫子自道也。

道言也。自道。猶云謙辭。○尹氏曰。成德以仁爲先。進學以知爲先。故夫子之言。其序有不同者。以此。胡氏曰。爲學之序。以智爲先。若德之成。則仁又爲百行之首。○覺軒蔡氏曰。以仁爲先。猶自誠而明。以智爲先。猶自明而誠。自誠而明。夫子之事。故子貢以爲夫子自道也。上文我無能焉。乃是謙辭。○新安陳氏曰。覺軒解自道與集註小異。未

必子貢一時聞夫子之言。便以子罕篇語先後次序不同來比並而答以此言也

○子貢方人。子曰。賜也賢乎哉。夫我則不暇。夫音扶

方。比也。乎哉。疑辭。比方人物而較其短長。雖亦窮理之事。然專務爲此。則心馳於外。而所以自治者踈矣。故襃之而疑其辭。復扶又反自貶以深抑之。○謝氏曰。聖人責人辭不迫切。而意已獨至如此。朱子曰。學者須思量不暇箇甚麽。須於自己體察方可見○齊氏曰。孔子之於道也未得之則發憤忘食。既得之則樂以忘憂。而何暇於方人○覺軒蔡氏曰。子貢自視與夫子孰賢。而能爲夫子之所不暇爲耶○新安陳氏曰。我則無暇及他人。言外之意。謂方自治也

○子曰。不患人之不己知。患其不能也

凡章指同而文不異者。一言而重平聲出也。文小異者。屢

言而各出也此章凡四見形甸反而文皆有異新安陳氏曰四見者學而篇不患人之不己知患不知人也里仁篇不患莫己知求爲可知也衛靈公篇君子病無能焉不病人之不己知也與此章爲四則聖人於此一事蓋屢言之其丁寧之意亦可見矣胡氏曰失於務外爲學之通患聖人每欲其反己以自力故不一言而已也○雲峯胡氏曰四見之中學而篇是一意重在知人餘三見共是一意重在能字所以求爲可知者求諸我之能而已

○子曰不逆詐不億不信抑亦先覺者是賢乎

逆未至而迎之也億未見而意之也詐謂人欺己不信謂人疑己抑反語辭朱子曰凡抑字皆略反上文之意言雖不逆不億而於人之情僞自然先覺乃爲賢也○楊氏曰君子一於誠而已然未有誠而不明者故雖不逆詐不億不信

而常先覺也。若夫音扶不逆不億而卒爲小人所罔焉，斯亦不足觀也已。朱子曰：逆詐是那人不曾詐我，先揣摩道那人必是詐我；億不信是那人未有不信底意，便道那人必是不信我。先覺則分明是見那人已詐已不信。○人有詐不信，吾之明足以知之，是之謂先覺。彼未必詐而逆以詐待之，彼未必不信而先億度其不信，此則不可也。○勉齋黃氏曰：未見其事而先疑其必欺，故爲逆詐。未見其事而度其必不實，故爲億不信。然詐不信雖以事見，而可以理知，故雖不逆不億而以先覺爲賢者，理明故也。○雙峯饒氏曰：不逆不億，待物之誠也；先覺，燭理之明也。逆億是有心，覺是無心。○馮氏曰：逆億如人在室外而料室中之虛實，先覺如明鏡照物而物無遁形，此非格物致知、洞然明知者不能也。○雲峯胡氏曰：逆億是以意見推之，先覺是以義理照之。○新安陳氏曰：逆億者，私見之紛擾；先覺者，真見之昭徹。固不先事而預料小人之爲姦，亦不臨事而墮於小人之姦，其斯爲誠明之君子乎。

○微生畝謂孔子曰：丘何爲是栖栖者與？平聲無乃爲佞乎？

微生姓。畝名也。畝名呼去聲夫子而辭甚倨。居御反蓋有齒德而隱者。栖栖依依也。爲佞言其務爲口給以悅人也

孔子曰。非敢爲佞也。疾固也

疾惡去聲也。固執一而不通也。聖人之於達尊禮恭而言直如此。其警之亦深矣胡氏曰。不恭則失長幼之序。不直則失義理之正。○慶源輔氏曰。爲佞以說人者。失之不及。執一而不通者。失之過。聖人只在中道上行。微生之言雖倨而疑。夫子之言雖恭而決。○雙峯饒氏曰。栖栖如鳥之栖木而不去。然畝方以退隱爲高。見孔子歷聘。疑其以口給取悅。殊不知聖人可仕則仕。可止則止。如天地四時之變化。豈若小丈夫之執一而不通耶。○新安陳氏曰。以夫子而尚謂其栖栖爲佞。則畝之耿介固執可想矣。故夫子因而箴之。夫立身待人自有中道。聖人萬不爲柔佞之不及。亦不爲固執之太過也

○子曰：驥不稱其力，稱其德也。

驥，善馬之名。德，謂調良也。胡氏曰：調者，習熟而易控御也。良者，順服而不蹄齧也。

○尹氏曰：驥雖有力，其稱在德。人有才而無德，則亦奚足尚哉。南軒張氏曰：驥之得稱，爲其德，不爲其力，而況於君子乎。豈不以尚德爲貴乎。苟無其德，雖曰有才，且得謂之君子乎。○慶源輔氏曰：才與德皆本於天，然才出於氣，德根於理。二者雖不可闕一，然出於氣者固不若根於理之爲粹也。○胡氏曰：驥之任重致遠，非力不可，然有力者不足言，必言其調良也。故觀人者不當言其才，而當言其德。人亦不可徒恃其才，而當以德爲主也。○雙峯饒氏曰：驥者良馬之稱。馬中之驥，如人中之君子。驥非無力，然其所以得驥之名者，以德不以力。君子非無才，然其所以得君子之名者，以德不以才。○新安陳氏曰：此章與歲寒松柏章，皆如詩六義之比，實以木與馬比君子，非專言木馬也。

○或曰：以德報怨，何如？

或人所稱，今見形甸反老子書。德，謂恩惠也。老子道德經恩始章曰：「大小多少，報怨以德。圖難於其易，爲大於其細。」

子曰：「何以報德？

言於其所怨，既以德報之矣；則人之有德於我者，又將何以報之乎？朱子曰：「以德報怨，不是不好，但上面更無一件可以報德。譬如人以千金與我，我以千金酬之，便是當然；或有人盜我千金，而吾亦以千金與之，卻是何理？視與千金者更無輕重，斷然是行不得也。」

以直報怨，以德報德。」

於其所怨者，愛憎取舍，上聲一以至公而無私，所謂直也。於其所德者，則必以德報之，不可忘也。○或人之言，可謂厚矣然以聖人之言觀之則見其出於有意之私而怨德之報皆不得其平也必如夫子之言然後二者之報各得其所然怨有不讎（新安陳氏曰讎仇也怨有不必報者不以仇待之也）而德無不報則又未嘗不厚也此章之言明白簡約而其指意曲折反覆（芳服反）如造化之簡易易（並去聲）知而微妙無窮學者所宜詳玩也（問以德報怨亦可謂忠且厚矣而夫子不之許何哉朱子曰是亦私意所爲非天理之正也夫有怨有德人情所不能忘而所以報之各有所當亦天理之不能已也顧德有大小皆所當報而怨則有公私曲直之不同故聖人教人以直報怨以德報德以直云者不以私害公不以曲勝直當報則報不必報則止一觀夫理之當然而不以己之私意加焉是則雖曰報怨而豈害其爲公平忠厚哉然而聖人終不使人忘怨而沒其報復之名者亦以見夫君父之仇有不得不報者而伸夫忠臣孝子之心

耳。若或人之言，則以報怨爲薄而必矯焉以避其名。故於其所怨而反報之以德。若忠厚者，而於所德又將何以報之。以德之上無復可加。若但如所謂報怨者而已，則是所以報德者僅適其平，而所以報怨者反厚於德，且雖君父之仇亦將有時而忘之也。是豈不反爲逆人情悖天理之甚哉。曰：君父之仇，亦有當報不當報之別乎。曰：周禮有之，殺人而義者，令無仇，仇之則死。此不當報者也。春秋傳曰：父不受誅，子復仇可也。此當報者也。當報而報，不當報而止，是即所謂直也。周公之法，孔子之言，若合符節，於此可以見聖人之心矣。曰：然則揚氏所謂小加委曲，如庾公之斯者如何。曰：此意善矣，而亦有所未盡也。蓋天下之事，有公義，有私恩，二者常相得焉，則盡其道而不爲私可也。不幸而或至於相妨，則權輕重而處之，使公義行於上而私恩伸於下，然後可耳。若小加委曲而害天下之公，則亦君子所不爲也。○以德報怨，於怨者厚矣，而無物可以報德，則於德者不亦薄乎。以直報怨則不然。如此人舊與吾有怨，今果賢邪，則引薦之；果不肖邪，則棄絕之。是蓋未嘗有怨矣。○雙峯饒氏曰：直是直道，當報則報，不當報則不報，是之謂直。老氏之說不問道理曲直，只是不欲與人結怨而已。以德報怨說殺了，不若以直報怨之語中間有涵蓄。當報而報，與不當報而不報，皆在其中。學者玩味其意。觸類而長，則可爲處事之權衡矣。

○子曰：莫我知也夫！夫音扶

夫子自歎，以發子貢之問也。

子貢曰：何爲其莫知子也？子曰：不怨天，不尤人，下學而上達，知我者其天乎！

不得於天而不怨天，不合於人而不尤人，但知下學而自然上達。此但自言其反己自修，循序漸進耳，無以甚異於人而致其知也。然深味其語意，則見其中自有人不及知而天獨知之之妙。朱子曰：不怨不尤，則不責之人而責之己。下學人事，則不求之遠而求之近。此固無與於人而不駭於俗矣。人亦何自而知之也耶。及其上達而與天爲一焉。則又有非人之所及者。此所以人莫之知而天獨知之也。○勉齋黃氏曰。窮通榮辱天也。用舍予奪人也。常人之情置事於淺近。索理於渺茫。足以感人之耳目而以爲能。此所以人知之也。聖人渾然天理。窮通榮辱用舍予奪皆理之所不能無者。順而受之。又何怨尤之有。人事之中便是天理。又何必捨人事而求之於渺茫哉。如是則泊然若不見其所長者。然天理流行而聖人與之無間。如此所以人不知而天知也。○慶源輔氏曰。己與天人只是一理。在己者既盡。則天人無有不應者。聖人與理爲一。自然無所怨尤。蓋在孔門唯子貢之智幾平聲足以及此。故特語音御以發之。惜乎其猶有所未達也。朱子曰。聖門自顏曾以下唯子貢儘曉得。聖人多是將這般話與他說。他若未曉。聖人豈肯說與。但他知得箇頭耳。惜乎見夫子說便自住了。如予欲無言予一以貫之也。只如此住了。只是不曾有默地省悟觸動他那意思處。他若有所默契。須發露出來。不但已也。如曾子聞一貫語便曰唯。子貢便無這處。○程子曰。不怨天。不尤人。在理當如此。又曰。下學上達。意在言表。又曰。學者須守下學上達之語。乃學之要。蓋凡下學人事。便是上達天理。然習而不察。則亦不能以上達矣。

問下學而上達者。言始也下學而卒之上達云爾。今程子以爲下學人事便是上達天理。何耶。朱子曰。學者學夫人事。形而下者也。而其事之理則固天之理也。形而上者也。學是事而通其理。卽夫形而下者而得夫形而上者焉。非達天理而何哉。○問聖人恐不自下學中來。曰。不要高了聖人。高後學者如何企及。說得聖人低越有意思。聖人雖生知。亦未嘗不學。如十五志學。每事問便是學也。○須是下學。方能上達。然人亦有下學而不能上達者。只緣下學得不是。當。若下學得是。當未有不能上達者。聖門下學而上達。至於窮神知化。亦不過德盛仁熟而自至耳。如釋氏理須頓悟。不假漸修之云。是只說上達。更不理會下學。然不理會下學。如何上達。○問下學只是切近處求否。曰。也不須揀。事到面前便與理會。且如讀書讀第一章。便與理會第一章。讀第二章

亦然。今日撞著這事來。便與理會這事。明日撞著那事
來。便與理會那事。萬事只一理。不是揀那大底要理會。
其他却不管。○問。有一節之上達。有全體之上達否。曰。
不是全體。只是這一件理會得透。那一件又理會得透。
積累多。便會貫通。不是別有一箇大底上達。又不是下學
學中便有上達。須是下學方能上達。今之學者於下學
中便要求玄妙。則不可。○問下學上達意在言表。是如
何。曰。如下學只是下學。如何便會上達。自是言語形容
不得。下學上達雖是兩件。理會得透。廝合只是一件。下
學是事。上達是理。理在事中。事不在理外。一物之中皆
具一理。就那物中見得箇理。便是上達。如大而化之之
謂聖。聖而不可知之之謂神。然亦不離乎人倫日用之
中。但恐人不能盡所謂學耳。果能學。安有不上達者。○
方其學時。雖聖人亦須下學。如孔子問禮問官名。未識
須問。問了也須記。及到達處。雖下愚也會達。便不愚了
○孔子當初嘆無有知我者。子貢因問何爲莫知子。夫
子所答辭。只是解何爲莫知子一句。大凡不得乎天則
怨天。不得乎人則尤人。我不得乎天亦不怨天。不得乎
人亦不尤人。與世都不相干涉。方其下學人事之卑。衆
人所共。又無奇特聳動人處。及其上達天理之妙。忽然

上達去。人又捉摸不著。如何能知得我。知我者畢竟只是天理與我默契爾。以此見孔子渾是天理。○問子貢不曾問。孔子告之必有深意。曰。論語中自有一如此等處。如告子路知德者鮮。告曾子一以貫之。皆是一類。此是大節目。要當自得。這却是箇有思量底事。要在不思量處得。○當時不惟門人知夫子。別人也知道是聖人。今夫子却恁地說時是如何。如子貢之聰明想見也大故知聖人。但尚有知未盡處。故如此說。子貢曰何爲其莫知子也。子貢也是說他不爲不知夫子。所以怪而問之。夫子便說下面三句。便與葉公問孔子於子路處相似。皆是退後一步說。不怨天。是於天無所逆。不尤人。是於人無所忤。下學只恁地就平易去做。上達便是做後自理會得。只這平易便是人不能及處。如發憤忘食。樂以忘憂着著。似乎只是恁地平說。但是人自不可及。人既不能知。則只有天知者。是道理與天相契合也。○南軒張氏曰。下學人事而上達天理。天理初不外乎人事。知我其天。所謂天者理而已。聖人純乎天理。故其自言如此。○問何謂下學上達。潛室陳氏曰。下學人事。自然上達天理。若不下下學工夫直欲上達。則如釋氏覺之之說是也。吾儒有一分學問。則磨得一分障礙去。心裏便見得一分道理。有二分學問工夫。則磨得二分障蔽去。心裏便見得二分道理。從此惺惺恁地。不令走作。則心裏統體光明。查滓淨盡。便是上達境界

○公伯寮愬子路於季孫。子服景伯以告。曰。夫子固有惑志於公伯寮。吾力猶能肆諸市朝。朝音潮

公伯寮。魯人。子服氏。景諡。伯字。魯大夫子服何也。夫子。指季孫。言其有疑於寮之言也。肆。陳尸也。言欲誅寮。周禮註。有罪既殺。陳其尸曰肆。○吳氏曰。市朝不過連言之。左傳晉殺三郤。尸諸朝。殺董安于。尸諸市。賤者在市也。

○胡氏曰。大夫以上於朝。士以下於市

○新安陳氏曰。愬。譖也。惑。志疑心也

子曰。道之將行也與。命也。道之將廢也與。命也。公伯寮其如命何。與平聲

謝氏曰。雖寮之愬行。亦命也。其實寮無如之何。愚謂言此以曉景伯安子路而警伯寮耳。聖人於利害之際。則不待決於命而後泰然也。朱子曰。聖人不言命。凡言命者。皆爲衆人言也。到無可柰何處始言命。如此章命也。是爲景伯說。如曰有命。是爲彌子瑕說。聖人用之則行。舍之則藏。未嘗到無可柰何處。何須說命。如下一等人不知有命。又一等人知有命猶自去計較。中人以上便安於命。到得聖人便不消得言命。○問。或以命爲天理何也。曰。命者天理流行付於萬物之謂也。然其形而上者謂之理。形而下者謂之氣。自其理之體而言之。則元亨利貞之德具于一時而萬古不易。自其氣之運而言之。則消息盈虛之變如循環之無端而不可窮也。萬物受命于天以生而得其理之體。故仁義禮智之德根於心而爲性。其既生也則隨其氣之運。故廢興厚薄之變唯所遇而莫逃。此章之所謂命。蓋指氣之所運爲言。以天理釋之。則於二者之分亦不察矣。○吳氏曰。命指氣而言。陰陽之氣運行不齊。治亂皆有定數。如命令然。景伯欲肆寮者。義之激也。夫子歸之於命者，分之安也。疑季氏有惑志，子路遂同子羔仕衛。○齊氏曰：子路非王佐之才，家臣非卿相之位，而孔子以公伯寮之愬爲關於吾道之行止何也？魯爲公室之蠹者莫如季氏，孔子爲政於魯，大率欲裁其僭而勇於承令以出藏甲墮郈費者，子路也。公伯寮愬子路，固將假以沮孔子也，故孔子不爲子路禍福計，而爲吾道興廢計。然子服景伯欲肆寮於市朝，而孔子以爲寮如命何？蓋以吾道行與不行，繫於天之祐與不祐，而不繫於寮之愬與不愬也。景伯尤諸人，而孔子委之天，孟氏於臧倉之沮魯侯，亦歸之天焉。○慶源輔氏曰：聖人純是義理，義所當行則行，義所當止則止，處利害之際唯其義而已，更不問命之如何。今此言命者，以曉景伯警伯寮耳。○新安陳氏曰：天將使道之行，寮不能使之廢；使寮之愬得行，是天未欲道之行耳。聖人不怨天，又何尤於寮哉？

○子曰：賢者辟世，辟，去聲，下同。

天下無道而隱，若伯夷、太公是也。辟紂而居東北海之濱。

其次辟地

去亂國適治去聲邦如百里奚去虞之秦

其次辟色

禮貌衰而去如衛靈公顧蜚鴈而色不在孔子遂去之

其次辟言

有違言而後去也如衛靈問陳而孔子遂行○程子曰四者雖以大小次第言之然非有優劣也所遇不同耳問四者固非優劣然賢者之處世豈不能超然高舉見幾而作乃至發見於言色而後辟之耶勉齋黃氏曰出處之義自非一端隨其所遇之時而酌其所處之宜可也衛靈公顧蜚鴈則辟色矣問陳則辟言矣豈夫子於此為劣乎此所以不可以優劣言也○厚齋馮氏曰桀溺謂子路豈若從辟世之士夫子為之憮然至是乃賢辟世則道不行而無仕志

也。○吳氏曰：世與地以地勢廣狹言，色與言以人事淺深言。若夫子則辟地辟色辟言，而終不忍於辟世。觀其譎沮溺可見矣。○雲峯胡氏曰：天下爲大，邦國爲小。辟世辟地，是辟其國；辟色辟言，是辟其人。此程子所謂大小次第，而非以賢者之德爲有優劣也。

○子曰：作者七人矣。

李氏曰：作，起也。言起而隱去者今七人矣。不可知其誰何，必求其人以實之，則鑿矣。慶源輔氏曰：凡書所載，有當深索者，不深索之則失之畧；有不必過求者，過求之則失之鑿。所謂當深索者，義理是也；所謂不必過求者，此處是也。

○子路宿於石門。晨門曰：奚自？子路曰：自孔氏。曰：是知其不可而爲之者與？與，平聲。

石門，地名。晨門，掌晨啓門，蓋賢人隱於抱關者也。自，從

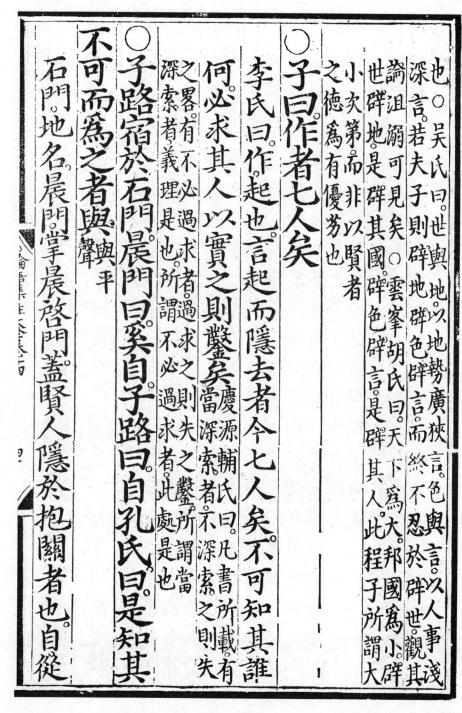

也。問其何所從來也。胡氏曰。晨門知世之不可而不爲
故以是譏孔子。然不知聖人之視天下無不可爲之時
也。問聖人無不可爲之時。且以人君言之。堯所以處丹
朱而禪舜。舜所以處父母弟之間。與所以處商均而
禪禹。以人臣言之。伊尹所以處太甲。周公所以處管蔡。
可見聖人無不可爲之時。朱子曰。然。○南軒張氏曰。聖
人非不知道之不行而皇皇於斯世者。天地生物之心
也。晨門賢而隱於抱關。知世之不可爲而遂已。而未知
道之不可以已。然玩其辭意緩而不迫。所養有過於荷
蕢之果者歟。○勉齋黄氏曰。晨門見已而不見聖人。故
云然。然無孔子之聖則寧自處於抱關耳。其言聖人則
非。而自處其身則是。亦賢也已。○慶源輔氏曰。賢者之
視天下有不可爲之時。才力有限也。聖人
視天下無不可爲之時。其道無所不可也。

○子擊磬於衛。有荷蕢而過孔氏之門者。曰。有心哉擊磬
乎。荷去聲。

磬樂器。荷擔也。按韻書負荷之荷在上聲下可反又去聲蕢草器也。此荷蕢者亦隱士也。聖人之心未嘗忘天下。此人聞其磬聲而知之。則亦非常人矣。問聞磬聲如何便知夫子之心不忘天下。朱子曰。他那人煞高如古人於琴聲中知有殺心耳

既而曰。鄙哉。硜硜乎。莫己知也。斯己而已矣。深則厲。淺則揭。硜苦耕反莫己之己音紀餘音以揭起例反

硜硜。石聲。亦專確之意。以衣涉水曰厲。攝衣涉水曰揭。此兩句衞風匏有苦葉之詩也。譏孔子人不知己而不止。不能適淺深之宜。

子曰。果哉。末之難矣。

果哉嘆其果於忘世也末無也聖人心同天地視天下猶一家中國猶一人不能一日忘也故聞荷蕢之言而嘆其果於忘世且言人之出處上聲若但如此則亦無所難矣慶源輔氏曰果於忘世決去不反者能之何難之有若聖人之出處因時卷舒與道消息而憂世之心終不能已濟世之用其出無窮此豈荷蕢所能與哉○雙峯饒氏曰聖人之道有出有處便如天地有陰有陽荷蕢之徒見得一邊遺了一邊所以只知獨善而果於忘世矣○新安陳氏曰聖人之心不能一日忘天下亦如天地之心不能一日忘萬物天地生物之心不以閉塞成冬之時而息聖人道濟天下之心不以天地閉賢人隱之時而息也聖人不能忘世之心荷蕢初聞其磬聲而知之然觀其既而曰以下之言則非深知聖人之心者要之果於忘世之人豈能深知聖人所以不能忘世之心哉

○子張曰書云高宗諒陰三年不言何謂也

高宗，商王武丁也。諒陰，天子居喪之名，未詳其義。問諒陰之說。朱子曰：孔氏曰：諒，信也。陰，默也。邢氏釋之曰：信謂任冢宰。胡氏釋之曰：信能默而不言也。二家皆用孔訓而爲說不同。鄭氏於禮記又讀作諒闇，言居倚廬。大抵古者天子居喪之名。○覺軒蔡氏曰：喪服四制諒闇三年。鄭注云：諒古作梁，楣謂之梁。闇讀如鶉鵪之鵪。闇謂廬也，即倚廬之廬。儀禮翦屛柱楣，鄭氏謂柱楣所謂梁闇是也。書云：王宅憂諒陰，言居喪於梁闇也。按諒陰之義，先人得於先師晚年面命者如此。

子曰：何必高宗，古之人皆然。君薨，百官總己以聽於冢宰三年。

言君薨則諸侯亦然。總己，謂總攝己職。冢宰，大音泰宰也。百官聽於冢宰，故君得以三年不言也。○胡氏曰：位有貴賤，而生於父母無以異者，故三年之喪，自天子達。

張非疑此也。殆以爲人君三年不言則臣下無所稟令。禍亂或由以起也。孔子告以聽於冢宰則禍亂非所憂矣。問胡氏云以聽冢宰則禍亂非所憂然主少國疑之際得人如伊周霍葛則可不幸如莽操之姦豈不大可憂邪。雙峯饒氏曰使嗣君剛明而冢宰有莽操之姦則必能易而置之如其不能雖不總己以聽亦何益哉。且天下之事有常有變聖人只論其常耳。○新安陳氏曰居喪而冢宰攝政則嗣君雖不言亦無失政矣

○子曰上好禮則民易使也好易皆去聲

謝氏曰。禮達而分去聲定此句出禮運故民易使慶源輔氏曰達謂達於下也。上好禮則品節分明而誠意退遜故觀感於下者亦皆安己之分聽上之命而易使○問禮何以使之達雙峯饒氏曰官府之政學校之教皆所以達之○雲峯胡氏曰禮也者所以辨上下而定民志也民之志定民之力可使也○厚齋馮氏曰聖人言使民曰上好禮曰小人學道使之知上下之分而樂於從命不以勢力强之

也

○子路問君子子曰脩己以敬曰如斯而已乎曰脩己以安人曰如斯而已乎曰脩己以安百姓脩己以安百姓堯舜其猶病諸

脩己以敬夫子之言至矣盡矣而子路少之故再以其充積之盛自然及物者告之無他道也人者對己而言百姓則盡乎人矣堯舜猶病言不可以有加於此以抑子路使反求諸近也蓋聖人之心無窮世雖極治去聲下同然豈能必知四海之內果無一物不得其所哉故堯舜猶以安百姓爲病若曰吾治已足則非所以爲聖人矣

朱子曰。敬字聖學之所以成始成終者。皆由此。故曰脩己以敬。下面安人安百姓。皆由於此。只緣子路問不置。故夫子復以此答之。要之只是箇脩己以敬則其事皆了。○問脩己以敬。曰。敬者非但是外面恭敬而已。須是要裏面無一毫不直處方是。所謂敬以直內者是也。○脩己以敬語雖至約。而所以齊家治國平天下之本舉積諸此。子路不喻而少其言。於是告以安人安百姓之說。蓋言脩己以敬而極其至。則心平氣和。靜虛動直。而所施爲無不自然各當其理。是以其治之所及者。群黎百姓莫不各得其安也。是皆本於脩己以敬之一言。其功效之自然及物者耳。或問然則夫子之言豈其畧無大小遠近之差乎。曰。脩己以敬。貫徹上下。包舉遠近而統言之也。安人安百姓。則因子路之問而以功效之及物者言也。然曰安人。則脩己之餘。而敬之至也。安百姓。則脩己之極而安人之盡也。是雖若有小大遠近之差。然皆不離於脩己以敬之一言。而非有待於擴之而後大。推之而後遠也。○勉齋黃氏曰。非謂脩己以敬之外又有充積之功也。脩己以敬而可謂君子。則是充積之盛在其中矣。特言其功效之遠。則指夫自其充積之盛者而出耳。脩己以安人。猶曰脩己以敬而可以安人也。

脩己以安百姓。猶曰脩己以敬而可以安百姓也。子路疑脩己以敬之一言不足以盡君子，故夫子指其效驗之大者而言，以見決非君子不足以當之也。○程子曰：君子脩己以安百姓，篤恭而天下平。唯上下一於恭敬，則天地自位，萬物自育，氣無不和，而四靈畢至矣。記禮運：四靈以爲畜，許又反。故飲食有由也。何謂四靈？麟鳳龜龍，謂之四靈。此體信達順之道，聰明睿知去聲皆由是出，以此事天饗帝。朱子曰：上下一於恭敬，這却是上之人有以感發而興起之。信是實理，順是和氣。體信是致中意，達順是致和意。言能恭敬則能體信達順，聰明睿智皆由此出者，言能恭敬自然心便開明。○體信是實體此道於身，達順是發而中節推之天下而無所不通也。體信是忠，無一毫之僞；達順是恕，無一物不得其所。聰明睿知皆由是出，是自誠而明意思。○敬則自然聰明，人所以不聰不明，止緣身心惰慢，便昏塞了。敬則虛靜，自然通達。○問：上下一於恭敬，則天地自位，萬物自育，四靈畢至，如此則敬之功用又不止於安百姓矣。雙峯饒氏曰：天地位，萬物育，與安百姓也只是一事，初無大小。若陰陽不和，五穀不熟，百姓何由而安。○新安陳氏曰：夫子爲見子路勇躁，輕視脩己以敬之言，故推極其功以抑之。程子此條亦推贊恭敬之極功，以發明夫子之意云。○東陽許氏曰：聖人言脩己以安百姓，而程子乃言上下一於恭敬，蓋治道非一人所能獨成，必君臣上下皆能恭敬，然後有天地位以下之應。然下人能敬，亦在乎上之人有以感之，漸漬而成。恭敬以至於天下平。程子此段是推極而言，以見敬之功用無窮。

○原壤夷俟。子曰：「幼而不孫弟，長而無述焉，老而不死，是爲賊。」以杖叩其脛。孫、弟並去聲。長，上聲。叩音口。脛，其定反。

原壤，孔子之故人。母死而歌，記檀弓下：孔子之故人曰原壤，其母死，孔子助之沐槨。原壤登木曰：久矣，予之不託於音也。歌曰：貍首之斑然，執女手之卷然。夫子爲弗聞也者而過之。蓋老氏之流，自放於禮法之外者。夷，蹲踞也。居據，音存。雙峯饒氏曰：蹲踞，鶻鳥好蹲故謂之蹲鴟又或謂之鴟夷夷即蹲也俟待也言見孔子來而蹲踞以待之也述猶稱也賊者害人之名以其自幼至老無一善狀而久生於世徒足以敗常亂俗則是賊而已矣脛按韻書形定反集註云其定反音小異足骨也孔子既責之而因以所曳之杖微擊其脛若使勿蹲踞然朱子曰胡氏以爲原壤之喪母而歌孔子爲弗聞者矣今乃責其夷俟何舍其重而責其輕耶蓋數其喪母而歌則壤當絶叩其箕踞之脛則壤猶爲故人盛德中禮見乎周旋此亦可見○鄭氏舜舉曰聖人之接物各稱其情惡之而遜其辭外之也遇陽貨是也惡之而斥其罪親之也遇原壤是也○新安陳氏曰幼壯孝弟耆耋好禮則久生可以儀風俗故敬其爲壽幼壯無稱老徒傲惰則久生適以敗風俗故名其爲賊壤良可戒哉

○闕黨童子將命或問之曰益者與與平聲

闕黨，黨名。童子，未冠去聲者之稱。將命，謂傳賓主之言。或人疑此童子學有進益，故孔子使之傳命以寵異之也。

子曰：「吾見其居於位也，見其與先生並行也。非求益者也，欲速成者也。」

禮，童子當隅坐隨行。記檀弓，曾子疾，童子隅坐而執燭。又王制，父之齒隨行。孔子言吾見此童子不循此禮。新安陳氏曰：居位，是不循隅坐之禮；並行，是不循隨行之禮。非能求益，但欲速成爾。故使之給使令平聲之役，觀長上聲少去聲之序，習揖遜之容。蓋所以抑而教之，非寵而異之也。南軒張氏曰：不止乎童子之所，而自進於成人之列，有躐等之意，無自卑之心，烏能以求益乎？欲速成而已。如物之生，循序而生理達焉。若欲速成，反害其生矣。故聖門之學，先之以洒掃應對進退之事，所以長愛敬之端。防傲惰之萌。而使之循序以進也○勉齋黄氏曰。禮之於人大矣。老者無禮。則足以爲人害。少者無禮。則足以自害。夫子於原壤童子皆以是教之。述論語者以類相從。所以著人無老少皆不可以無禮儀也○慶源輔氏曰。求益則浸長而不知。欲速則亟進而無序。聖門之教雖以敏行爲先。而又以躐等爲戒○雲峯胡氏曰。原壤老而爲賊是從幼不遜弟來。今童子得以剮揉其氣而閑習於禮則庶可以免於原壤之弊也歟

論語集註大全卷之十四

論語集註大全卷之十五

衛靈公第十五

凡四十一章

衛靈公問陳於孔子。孔子對曰。俎豆之事。則嘗聞之矣。軍旅之事。未之學也。明日遂行。陳去聲

陳。謂軍師行伍之列。行音杭俎豆。禮器。尹氏曰。衛靈公無道之君也。復扶又反有志於戰伐之事。故答以未學而去之

史記世家。孔子適衛。主蘧伯玉家。他日靈公問兵陳于孔子。明日與孔子語。見蜚鴈。仰視之。色不在孔子。遂行。復如陳。是歲魯哀公三年。孔子年六十矣。○問靈公問陳而夫子遽行。何也。朱子曰。爲國以禮。戰陳之事。非人君所宜問也。況靈公無道。夫子固知之矣。特以其禮際之善。庶幾可與言者。是以往來於衛爲日最久。而所以

啓告之者亦已詳矣。乃於夫子之言一無所入。至是而猶問陳焉。則其志可知矣。故對以未學而去之。然不徒曰未學而已。猶以俎豆之事告之。則夫子之去。蓋亦未有必然之意也。使靈公有以發悟於心而改事焉。則夫子之行孰謂其不可留哉。○南軒張氏曰。夫子之在衛。靈公雖無道。然亦當側聞夫子之所趣矣。顧乃以問陳爲言。與夫子之意可謂背馳。夫子所以答之者。則以己之所學者在此而不在彼。以其不合也。故明日而行焉。夫自春秋之時言之。諸國以強弱爲勝負。軍旅之事宜在所先。而俎豆之事疑若不急者矣。曾不知國之所以爲國者。以夫天叙天秩者實維持之也。爲國者志存乎典禮。則孝順和睦之風興。叶力一心。尊君親上。其強孰禦焉。不然。三綱淪廢。人有離心。國誰與立。軍旅雖精。果何所用哉。俎豆之於禮教。猶陳之於軍旅。實理之所寓。而教之所由興也。使靈公而有志乎俎豆之間。則推而達之。必有不可已也。○勉齋黄氏曰。夫子對靈公以軍旅之事未之學。答孔文子以甲兵之事未之聞。及觀夾谷之會。則以兵加萊人而齊侯懼。費人之亂則命將士以伐之而費又北。又嘗曰。我戰則克。夫子豈有未學未聞者哉。特以軍旅之事非所以爲訓耳。然欲以俎豆之事啓之。則夫子之拳拳於衛亦可知矣

在陳絶糧。從者病。莫能興。從去聲

孔子去衛適陳。興。起也。問明日遂行。在陳絶糧。想見孔子都不計較。所以絶糧。朱子曰。若計較。則不成行矣。○齊氏曰。孟子曰。孔子厄於陳蔡之間。考春秋。則其時陳服楚。蔡服吳。吳楚交戰無虛歲。孔子蓋爲楚昭王。徘徊陳蔡。而絶糧於兵間也。

子路慍見曰。君子亦有窮乎。子曰。君子固窮。小人窮斯濫矣。見賢遍反

何氏曰。濫。溢也。言君子固有窮時。不若小人窮則放溢爲非。程子曰。固窮者。固守其窮。亦通。或問固窮有二義。朱子曰。固守其窮。恐聖人一時答問之辭。未遽及此。蓋子路方問君子亦有窮乎。答曰君子固是有窮時。不如小人窮則濫耳。以固字答上文亦有字。文勢乃相應。○南軒張氏曰。子路之慍。以爲夫子之德之盛。疑其不當窮也。此不幾於不

受命乎夫子答之之意以爲命之不齊君子小人皆有窮也特君子能守而小人失其守也○愚謂

聖人當行而行無所顧慮處上聲困而亨易困卦云困亨貞又云困而不失其所亨無所怨悔於此可見學者宜深味之慶源輔氏曰當行而行無所顧慮義之勇也處困而亨無所怨悔義之安也○胡氏曰當行而行惟理是視者無所顧慮不計其後也處困而亨身雖窮而道則通也無所怨悔觀固窮之語可見也學者之進退能於是而取則焉則不爲利害所奪窮達所移矣○雙峯饒氏曰當行而行無所顧慮是說明日遂行處困而亨無所怨悔是說在陳絕糧以下顧是顧後慮是慮前怨是怨人悔是自悔○禮有大於俎豆者夫子且自謙讓說其小者也蓋靈公以軍陳爲問故夫子以禮器爲對君子成德之人安於貧賤若固守其窮似下君子一等矣

○子曰賜也女以予爲多學而識之者與女音汝識音志與平聲下同

子貢之學多而能識矣夫子欲其知所本也故問以發

之新安陳氏曰。所本指萬殊之一本處也

對曰。然。非與

方信而忽疑。蓋其積學功至而亦將有得也雲峯胡氏曰。集註於曾子曰夫子知其眞積力久將有所得。以行言也。此則曰積學功至亦將有得。以知言也。曾子行而將有所得子貢亦知而將有所得。亦字是從曾子說來。○新安陳氏曰。於能疑見其將有得

曰。非也。予一以貫之

說見形向反第四篇。然彼以行言。而此以知言也朱子曰。聖人也不是不理會博學多識。只聖人之所以爲聖。却不在博學多識。而在一以貫之。今人博學多識而不能至於聖者。只是無一以貫之。然不博學多識。則又無物可貫。孔子實是多學。無一事不理會過。只是於多學中有一貫以貫之耳。○曾子領會夫子一貫之旨。發出忠恕。是從源頭上面流下來。子貢是從下面推上去。○子貢尋常就

知識而入道。故夫子警之曰。予一以貫之。蓋言吾之多識不過一理耳。但子貢多是曉得了便了。更没收殺。曾子尋常自踐履入。事親便眞箇行此孝。爲人謀則眞箇忠。與朋友交則眞箇信。故夫子警之曰。吾平日之所行者皆一理耳。惟曾子領會於片言之下。故曰忠恕而已矣。以夫子之道無出於此也。○新安陳氏曰。彼以吾道冠於一以貫之之上。此自多學而識說起。而但云予一以貫之。可見彼言行。此言知也。○謝氏曰。聖人之道大矣。人不能遍觀而盡識。宜其以爲多學而識之也。然聖人豈務博者哉。如天之於衆形。匪物物刻而雕之也。故曰予一以貫之。德輶如毛。毛猶有倫。上天之載。無聲無臭。至矣。問如天之於衆形。匪物物刻而雕之也。朱子曰。大只是一氣流行。萬物自生自長。自形自色。豈是逐一粧點得如此。聖人只是一箇大本大原裏出。視自然明。聽自然聰。色自然温。貌自然恭。在父子則爲仁。在君臣則爲義。從大本中流出便成許多道理。只是這箇一便貫將去。○問謝氏解此章末舉中庸引詩語。只是贊其理之妙耳。曰。固是。到此則無可得說了。然此須是去涵泳。只恁說過也不濟事。多學而識。也不可謂不是。故子貢先曰然。又曰非與。固有當多學而識之者。又自有一貫底道理。但多學而識之則可說。到一以貫之則不可說矣。○陳氏曰。此以中庸語證。乃形容天理自然流行之妙。無雕刻之迹。即所以結前意耳

尹氏曰。孔子之於曾子。不待其問而直告之以此。曾子復扶又反深喻之曰唯。若子貢則先發其疑而後告之。而子貢終亦不能如曾子之唯也。二子所學之淺深於此可見。愚按夫子之於子貢屢有以發之。新安陳氏曰。如莫我知也夫。及予欲無言之類而他人不與。音預焉則顏曾以下諸子所學之淺深又可見矣或問此章之說。朱子曰。聖人生知。不待多學。子貢以己觀夫子。故以爲亦多學也。夫子以一貫告之。此雖聖人之事。然因已以告子貢。使知夫學者雖不可以不多學。然亦有所謂

一以貫之然後爲至耳。蓋子貢之學亦慱矣。然意其特
於一事一物之中。各有以知其理之當然。而未能知夫
萬理之爲一。而廓然無所不通也。聖人以此告之。使之
知所謂衆理者本一理也。以是而貫通之。則天下事物
之多。皆不外乎是而無不通矣○問語子貢一貫之理。
謂五常百行。人倫物理。紛紜雜糅。不可名狀。是可謂有
萬而不同者矣。然一體該攝乎萬有。而萬殊歸乎一原。
循其本而觀之。則固一矣。即其用而驗之。則是其本行
乎事物之間。斯所謂一以貫之者也。聖人生知。固不待
多學而識。學者非由多學。則固無以識其全也。故必格
物窮理以致其慱。主敬力行以反諸約。及夫積累既久。
豁然貫通。則向之多學而得之者。始有以知其一本而
無二矣。子貢致知之功已至。其於事物之間。灼然知天
理之所在而不疑。特未究夫一之爲妙耳。夫子當其可
而問之。發其疑而告之。故能聞言而悟。不逆於心。觀夫
子於曾子之外。獨以告子貢。則其不躐等而施者。抑可
見矣。曰。此說亦善○慶源輔氏曰。子貢以通達之資。聞
一知二。則其所學固多而能識矣。然務慱者多徇外。如
方人屢中之事可見。夫子每有以抑之。無非使之反求
其本者。子貢至此。則眞積力久。亦將有得矣。故夫子先

設爲疑辭以發之。俟其言以觀其志然後告之。○或問夫子告子貢以一貫與曾子同。朱子謂告曾子以行言。告子貢以知言。潛室陳氏曰。既是一貫。本不可分知行。只緣子貢以知識入道。故聖人從他明處點化他。猶自領會不去。以忠恕而明一貫。驗得是行。以知識而明一貫。驗得是知。一貫固不可分。但向人語處入頭各有塗轍。○袁氏曰。曾子聞一貫之說。即唯而無疑。固已深領聖道之妙。子貢雖未能如曾子之唯。而亦未始如門人有何謂之問。是則子貢蓋亦默會於言下矣。○雲峯胡氏曰。集註於參乎章引程子曰維天之命於穆不已。是以天字釋一字。此章引謝氏曰天之於衆形匪物物刻而雕之也。亦以天釋一字。蓋天之於萬物是一氣之貫。聖人之於萬事是一理之貫。但彼之所謂貫者曰泛應曲當用各不同。是以行言。此由博學而識之說來是以知言。況曾子之篤實能力於行。子貢明達能求其知。所以告之者若不同。而所謂一者未嘗不同也。○新安陳氏曰。顏曾以下諸子。天資之敏。學問之進。皆無如子貢。更觀其聞性與天道及子張篇末三章稱孔子處足以見矣

○子曰。由。知德者鮮矣。鮮上聲

由。呼去聲子路之名而告之也。德謂義理之得於己者。非己有之不能知其意味之實也○自第一章至此疑皆一時之言。此章蓋爲去聲慍見發也

南軒張氏曰。知德者鮮。以其踐履之未至。故不能眞知其味。夫子以此告子路使之勉進於德○慶源輔氏曰。聖門之學不以徒知爲尚要在實有諸己○覺軒蔡氏曰。夫子呼子路告以知德者鮮矣之說。謂義理有得於己。則死生禍福得喪自不能亂其所守。所以釋其慍見之惑。夫子當遑次顚沛之中。所以告門人弟子者各隨其所蔽而開發。無以異於洙泗雍容講論之素。吁此其所以爲聖人也與○雙峯饒氏曰。夫子不曰知道。而曰知德。何也。德與道不同。知在行先。曰知道。知在行後。則曰知德。知在行先。則道未爲我有。猶未親切。知在行後。則此道實爲我有。而知之也深。既知得這裏面滋味。則外面世味自不足以奪之。孟子曰。飽乎仁義。所以不願人之膏粱之味也。子路未能實有是德於

已。所以纔絶粮便愠見。○雲峯胡氏曰。詳集註之意。不徒重在知字。而重在德字。蓋義理之味無窮。必實得於己。而後真知其味之實。不然。臆度之知。非真知也。夫苟真知之。區區窮達豈足爲欣戚哉

○子曰。無爲而治者。其舜也與。夫何爲哉。恭己正南面而已矣。與，平聲。夫，音扶。

無爲而治去聲者。聖人德盛而民化。不待其有所作爲也。獨稱舜者。紹堯之後。而又得人以任衆職。故尤不見其有爲之迹也。恭己者。聖人敬德之容。既無所爲。則人之所見如此而已。或問恭己爲聖人敬德之容。以書得考之。舜之爲治。朝覲巡狩。封山濬川。舉元凱。誅四凶。非無事也。此其曰無爲而治者。何耶。朱子曰。即書而考之。則舜之所以爲治之迹。皆在攝政二十八載之間。及其踐天子之位。則書之所載。不過命九官十二牧而已。其後無他事也。雖書之所記。簡古稀闊。然亦

足以見當時之無事也○雙峯饒氏曰集註分兩節一節說聖人德盛而民化不待其有所作爲此是衆聖人之所同一節說舜紹堯之後又得人以任衆職故尤不見其有爲之迹此是舜之所獨稱舜與無爲者其惟文王乎相似○新安陳氏曰人不見其有爲之迹可得見者臨御敬德之容耳胡氏謂敬德之容由外而知其内是也

○子張問行

猶問達之意也

子曰言忠信行篤敬雖蠻貊之邦行矣言不忠信行不篤敬雖州里行乎哉行篤行不之行去聲貊亡百反

子張意在得行於外故夫子反於身而言之猶答干祿問達之意也篤厚也蠻南蠻貊北狄周禮夏官職方氏四夷八蠻七閩九

貉。五戎。六狄。鄭司農註。東方曰夷。南方曰蠻。西方曰戎。北方曰貉狄。二千五百家爲州。朱子曰。篤有重厚深沉之意。敬而不篤。則有拘迫之患。○南軒張氏曰。篤敬者。敦篤於敬也。言忠信。則言有物。行篤敬。則行有恒。以是而行。何往不可。○雙峯饒氏曰。凡事詳審不輕發。是篤底意思。戒謹恐懼。惟恐失之。是敬底意思。篤自篤。敬自敬。○問言思忠。言而有信。此合忠信來言。上說如何。曰。忠信都訓實。忠是出於心者。信是見於事者。如口裏如此說。心下不如此。是不忠也。口裏如此說。驗之於事。却不如此。是不信也。忠是前一截事。信是後一截事。若前一截實。後一截虛。便不可。

立則見其參於前也。在輿則見其倚於衡也。夫然後行參七南反。夫音扶。

其者。指忠信篤敬而言。參。讀如毋往參焉之參。記曲禮。離坐離立。毋往參焉。離。麗也。謂兩人相附麗而並坐或並立。我毋往參之爲三焉。言與我相參也。衡。

軛音厄也言其於忠信篤敬念念不忘隨其所在常若有
見雖欲頃刻離去聲下同之而不可得然後一言一行去聲自
然不離於忠信篤敬而蠻貊可行也朱子曰參前倚衡只是見得理如此
不成是有一塊物事光輝輝在那裏○此謂言必欲其忠信行必欲其篤敬念念不忘而有以形於心目之間
耳○問參前倚衡何物參倚坐立所見何物可見潛室陳氏曰參前倚衡不是有箇外來物事便是忠信篤敬
坐立所見要常常目在之耳此是學者存誠工夫令自家實有這箇道理鎮在眼前不相離去○鄭氏舜舉曰子
張務外者也故問干祿問行皆以言行告之忠信篤敬視寡尤寡悔淺深不侔子張之學進矣○新安陳氏曰
忠信篤敬乃言行當然之理工夫全在忠信篤敬念念不忘八字上惟念念不忘於心而後常如有見於目忠
信篤敬吾心此理也州里之人與蠻貊之人亦皆此心此理也盡吾之心則通乎人心雖遠而可行不盡吾心
則無以通乎人心
雖近而不可行矣

子張書諸紳

紳大帶之垂者。書之。欲其不忘也。雙峯饒氏曰。書紳見他佩服之切。子張到晚年儘切實。如言執德不弘之類可見。○新安陳氏曰。書上文夫子所言於紳也。○程子曰。學要鞭辟音壁近裏著直略反己而已。博學而篤志。切問而近思。此致知之鞭辟近裏著己者言忠信。行篤敬。立則見其參於前。在輿則見其倚於衡。此力行之鞭辟近裏著己者也即此是學。質美者明得盡。查滓壯里反便渾上聲化。却與天地同體。其次惟莊敬以持養之。及其至則一也。朱子曰。鞭辟近裏。此是洛中語。辟。如驅辟一般。一處說作鞭約。是要鞭督向裏去。今人皆就外面做工夫。下云切問近思。言忠信。行篤敬。何嘗有一句說向外去。只就身上理會。便是近裏著己。○天地同體處。是義理之精英。查滓是私意人欲之未消滅者。人與天地本一體。只緣查滓未去。所以有間隔。若無查滓。便與天地同體。如克己復禮爲仁。己是查滓。復禮便是天地同體處。如曾子不忠。不信不習。漆雕開言吾斯之未能信。皆是有些查滓處。只是質美者見得透徹。那查滓處便都盡化了。若未到此。須當莊敬持養。旋旋磨擦去教盡。即此是學。只爭箇做得徹與不徹耳。○問竊謂切問近思。是主於致知。忠信篤敬。是主於力行。知與行不可偏廢。而程子謂隨人資質各用其力。而其至則一。如是則亦有行不假於知者。未知如何。曰。切問忠信。只是泛引切己底意思。非以爲致知力行之分也。質美者固是知行俱到。其次亦豈有全不知而能行者。但因持養而所知愈明耳。○胡氏曰。明得盡。查滓化。却天資高。知之即能行之。而私意無所容也。莊主容。敬主心。內外交致其力。常常操守。以涵養之。然後可使私意消釋。程子此條專爲學者言。不主於釋經也。

○子曰。直哉史魚。邦有道如矢。邦無道如矢。

史。官名。魚。衛大夫。名鰌。音秋。如矢。言直也。史魚自以不能進賢退不肖。既死猶以尸諫。新安陳氏曰。舉此一事可見其餘。故夫子稱其直。事見形甸反家語。家語困誓篇。衛蘧伯玉賢而靈公不用。彌子瑕不肖反任之。史魚驟諫而不從。病將卒。命其子曰。吾在衛朝。不能進蘧伯玉。退彌子瑕。是吾生不能正君。死無以成禮。我死汝置屍牖下。於我畢矣。禮。飯於牖下。小歛於戶內。大歛於阼。殯於客位也。其子從之。靈公弔焉。怪而問焉。其子以父言告公。公愕然失容曰。是寡人之過也。於是命之殯於客位。進蘧伯玉而用之。退彌子瑕而遠之。孔子聞之。曰。古之諫者。死則已矣。未有若史魚死而尸諫。忠感其君者也。可不謂直乎

君子哉蘧伯玉。邦有道則仕。邦無道則可卷而懷之。

伯玉出處上聲合於聖人之道。故曰君子。卷。古轉反收也。懷。藏也。如於孫林父音甫甯殖常職反放弑之謀不對而出。亦其事也。左傳襄公十四年。衛獻公戒孫文子甯惠子食。皆服而朝。日旰不召。而射鴻於囿。二子從之。不

釋皮冠而與之言。皮冠，田獵之冠也。二子怒。孫文子如戚，孫蒯入使。公飲之酒，使太師歌巧言之卒章。蒯懼，告文子。文子曰：君忌我矣，弗先必死。并帑於戚，而入見蘧伯玉曰：君之暴虐，子所知也。大懼社稷之傾覆，將若之何。對曰：君制其國，臣敢奸之。雖奸之，庸知愈乎。遂行，從近關出。公使子蟜、子伯、子皮與孫子盟于丘宮，孫子皆殺之。四月，公出奔齊，衛人立公孫剽，孫林父、甯殖相之。二十年，甯惠子卒。二十六年，衛獻公求復，謂甯喜曰：苟反，政由甯氏，祭則寡人。甯喜告蘧伯玉，伯玉曰：瑗不得聞君之出，敢聞其入。遂行。五月，甯喜攻孫氏，克之，殺子叔、衛侯剽也。言子叔剽無謚，故書曰甯喜弑其君剽，言罪之在甯氏也。孫林父以戚如晉，書曰入于戚以叛，罪孫氏也。甲午，衛侯衎復歸于衛。○新安陳氏曰：卷懷，皆指此道而言。引此事以爲證。○楊氏曰：史魚之直，未盡君子之道。若蘧伯玉，然後可免於亂世。若史魚之如矢，則雖欲卷而懷之，有不可得也。朱子曰：直固好，然一向直，便是偏，豈得如伯玉之君子。○南軒張氏曰：史魚只可謂之直，能伸而不能屈，未盡君子之道。若伯玉則能因時屈伸。故謂之君子。○胡氏曰。直者。德之一端。君子者。成德之名。○新安陳氏曰。史魚之直。不以有道無道而變。治世雖可行。亂世欲卷而不可得矣。伯玉有道則仕。無道卷懷。近於夫子之用則行。舍則藏。集註以爲出處合於聖人之道。蓋謂此也

○子曰。可與言而不與之言。失人。不可與言而與之言。失言。知者不失人。亦不失言。知去聲

勉齋黄氏曰。不與之言。不知其可與言也。與之言。不知其不可與言也。故惟知者不失人。亦不失言。○新安陳氏曰。惟智者爲能知人。知其人之可與言。或不可與言。不知人。則當語而默。當默而語。非失人。則失言矣

○子曰。志士仁人。無求生以害仁。有殺身以成仁

志士。有志之士。仁人。則成德之人也。理當死而求生。則於其心有不安矣。是害其心之德也。當死而死。則心安

而德全矣朱子曰志士仁人所以不求生以害仁乃其心中自有打不過處不忍就彼以害此所以正理求生害仁雖以無道得生却是抉破吾心中之全成仁者但以遂其良心之所安而已○仁只是吾心之理殺身成仁時吾身雖死却得此理完全也○求生如何便害仁殺身如何便成仁只是爭箇安與不安而已○問死生是大關節要之工夫却不全在那一節上學者須是於日用之間不問事之大小皆欲即於義理之安然後臨死生之際庶幾不差若平常應事義理合如此處都放過到臨大節未有不可奪也曰然○胡氏曰當死而死於理爲是於心始安故謂之成仁然必曰志士仁人者有志之士慷慨就死成德之人從容就死也○鄭氏舜舉曰志士不以死生爲懼仁人則明死生之理唯曰不懼或未免於徒死故以志士仁人兼言之○雙峯饒氏曰仁人與仁爲一仁爲我有矣志士與仁猶二但有志於爲仁仁人者自然無求生害仁有殺身成仁志士亦能勉而爲之比干是仁人豫讓張巡是志士○新安陳氏曰志士志於仁而勉行不及仁人之安行然不以生死動心而虧此仁則一也

○**程子曰實理得之於心自別實理**

者實見得是實見得非也。古人有捐軀隕（羽敏反）命者，若不實見得惡（音烏）能如此。須是實見得生不重於義，生不安於死也，故有殺身以成仁者，只是成就一箇是而已。

○或問：有殺身以成仁，無求生以害仁。竊謂苟所利者大，一身何足惜也。程子曰：但看生與仁孰重。夫子曰：朝聞道，夕死可矣。人莫重於生，至於捨得死，道須大段好如生也。曰：既死矣，敢問好處如何。曰：聖人只睹一箇是。○朱子曰：曾見人解殺身成仁，言殺身者所以全性命之理。人當殺身時，何暇更思量我是全性命之理，只爲死便是，生便不是，不過就一箇是。故伊川說生不安於死。至於全其性命之理，乃是傍人看他說的話，非是其人殺身時有此意也。或謂殺身者只是要成這仁。曰：若說要成這仁卻不是，只是行所當行而已。○或問此章。曰：仁者心之德而萬理具焉。一有不合於理，則心不能安而害於德矣。順此理而不違，則身雖可殺，而此心之全此理之正，浩然充塞天地之間，夫孰得而亡之哉。曰：其謂殺身成仁，而不曰義，何也。曰：仁義體一而用殊，故君子之於事。有以仁決者。有以義決者。以仁決者。此章之言是也。以義決者。孟子謂欲有甚於生。惡有甚於死。是也。蓋仁人不以所惡傷所好之體。義士不以所賤易所貴之宜。○南軒張氏曰。人莫不重於其生也。君子亦何以異於人哉。然以害仁。則不敢以求生。以成仁。則殺身而不避。蓋其死有重於生故也。夫仁者人之所以生者也。苟虧其所以生者。則其生也亦何爲哉。曾子所以得正而斃者。正此義也。志士志於仁者。與仁人淺深雖有間。然是則同也。○慶源輔氏曰。志士於此二者。勉之者也。仁人於此二者。安之者也。心與理一。理當死而以生則咈於天理。忍於吾心。而傷害於吾仁矣。心之德。即所謂仁也。理當死而死。則吾之心順適而無傷。吾之仁亦全而無闕矣。○潛室陳氏曰。謂之成仁。則必如是。而後天理人倫無虧欠處。生順死安。無可悔憾。當此境界。但見義理而不見己身。更管甚名譽耶。○汪氏曰。程子是因夫子之言。更推出實見二字。謂必先能眞實見得死便定是。不死便定不是。方肯甘心就死以成就這箇是。若不曾眞實見得。定合如此。則必不肯甘心就死矣。此又推聖人所以言此之意。以曉人也。○新安陳氏曰。志士仁人。能得實理於心。方能有實見。實見得是與非。方能殺身成仁。以成就箇是。而不求生害仁以成就箇非也。○問殺身成仁。與舍生取義何別。曰。仁義一理耳。仁以心之全德言。義以身之大節言。成仁包得取義。取義即所以成仁。孔子就本心安適處言。故曰成仁。孟子就切身斷制處言。故曰取義。其爲成就一箇是。則一而已。所以程子於此謂實見得生不重於義。可見仁與義一理也

○子貢問爲仁。子曰。工欲善其事。必先利其器。居是邦也。事其大夫之賢者。友其士之仁者

賢以事言。仁以德言。勉齋黄氏曰。大夫言賢。已見於行事者也。士言仁。方見於脩身者也夫子嘗謂子貢悅不若己者。故以是告之。欲其有所嚴憚切磋以成其德也。家語。孔子曰。吾死之後。則商也日益。賜也日損。曾子曰。何謂也。子曰。商也好與賢己者處。賜也好與不若己者處。與善人居。如入芝蘭之室。久不聞其香。則與之化矣。與不善人居。

如入鮑魚之肆。久不聞其臭。亦與之化矣。丹之所藏者赤。漆之所藏者黑。是以君子必慎其所與處焉。○朱子曰。大夫必要事其賢者。士必要友其仁者。便是要琢磨勉勵以至於仁。如欲克己而未能克己。欲復禮而未能復禮。須要更相勸勉。乃爲有益。○事賢友仁。也是箇入德之方。問事與友孰重。曰。友爲親切。賢只是統言。友經指仁上說。○欲爲仁而先親仁賢。猶工欲善其事而先利其器。欲其取諸仁賢以成其德也。○慶源輔氏曰。事大夫之賢者。則有所觀法而起嚴憚之心。友其士之仁者。則有所切磋而生勉勵之意。則其所以爲仁者力矣。○新安陳氏曰。嚴憚。指事大夫之賢。切磋。指友士之仁。

○程子曰。子貢問爲仁。非問仁也。故孔子告之以爲仁之資而已。汪氏曰。此專挑爲字發明之。問意重在此字。故夫子答之只從此字發明其意也。○新安陳氏曰。資。助也。

○顏淵問爲邦。

顏子王佐之才。故問治天下之道。曰爲邦者。謙辭。朱子曰。顏子之問有二。一問仁。一問爲邦。須從克己復禮上來，方可及爲邦之事。

子曰：行夏之時。

夏時謂以斗柄初昏建寅之月爲歲首也。天開於子，地闢於丑，人生於寅，故斗柄建此三辰之月，皆可以爲歲首。而三代迭用之，夏以寅爲人正，商以丑爲地正，周以子爲天正也。朱子曰：邵子皇極經世書以元統會，十二會爲一元，一萬八百年爲一會，以會統運，以運統世，三十年爲一世，十二世爲一運，三十運爲一會。初間一萬八百年而天始開，又一萬八百年而地始成，又一萬八百年而人始生。邵子於寅上方註一開物字。蓋初間未有物，只是氣塞。及天開些子後，便有一塊查滓在其中。漸漸凝結而成地。初則溶軟，後漸堅實。今山形自高而下，便如水漾沙之勢。以此知必是先有天方有地，有天地交感方始生人物出來。邵子言到子上方有天，未有地；到丑上方有地，未有人；到寅上方有人。

子丑寅。皆天地人之始。故三代建以爲正。夫子以寅月。人可施功。故從其時然時以作事。四字出左氏傳則歲月自當以人爲紀。故孔子嘗曰吾得夏時焉。而說者以爲夏小正之屬。記禮運子曰。我欲觀夏道。是故之杞而不足證也。吾得夏時焉○夏小正。夏時書名。今存戴德註蓋取其時之正與其令之善而於此又以告顏子也朱子曰。陽氣雖始於黄鍾。而其月爲建子。然猶潛於地中。而未有以見其生物之功也。歷丑轉寅。而三陽始備。於是協風乃至。盛德在木。而春氣應焉。古之聖人以是爲生物之始。改歲之端。蓋以人之所共見者言之。至商周始以征伐有天下。於是更其正朔。定爲一代之制。以新天下之耳目。而有三統之說。然以言乎天。則生物之功未著。以言乎地。則改歲之義不明。而凡四時五行之序。皆不得其中正。此孔子所以考論三王之制。而必行夏之時也。○所謂行夏時者。蓋由歷數以來。授時之法。如堯典教民事者。至夏而悉備也。諸家之歷。久而皆差。惟夏小正之書。授時爲無差。故曰行夏時也。○問集註斗柄初昏建寅之月。何獨取初昏爲定。雙峯饒氏曰。天象難捉摸。只有初昏可見。日已落星初明。於是時推測方有定。若其他時候周流四方。無可捉摸。凡測星辰都用初昏。測日景却用日中。○行字兼令說了。古人每月有政令。觀夏小正可見。行夏之時。不特改正朔。乃是兼每月政令行了。所以集註說時之正與其令之善。以堯曆日中星鳥以殷仲春推之。亦是夏時。想夏之前皆用建寅之月。至湯始改以新天下之觀聽。○問春秋書王正月。是以十一月爲春。如何。曰。然。天時參差。自是周制。夫子不敢擅改王制。但如此書。而於對顔子發此言。則人見得合用夏時。方與天時當對。此是夫子微意。

乘殷之輅輅音路亦作路

商輅木輅也。輅者大車之名。古者以木爲車而已。至商而有輅之名。蓋始異其制也。周人飾以金玉。則過侈而易去聲敗。不若商輅之朴素渾上聲堅而等威已辨。爲質而得其中也或問周輅爲過侈何也。朱子曰。輅者身之所乘足之所履。其爲用也賤矣。運用震動任重致遠。其爲物也勞矣。且一器而工聚焉。其爲費也廣矣。賤用而貴飾之則不稱。物勞而華飾之則易壞。費廣而又增費之則傷財。此周輅之所以爲過侈與。○正義曰。路。大也。君之所在以大爲號。門曰路門。寢曰路寢。車曰路車。左氏傳曰。大路越席。昭其儉也。○勿軒熊氏曰。按記明堂位。鸞車有虞氏之輅也。鉤車夏后氏之輅也。大輅。殷輅也。乘輅周輅也。註曰。漢祭天乘殷之輅。今謂之桑根車。周禮春官巾車掌王之五輅。曰玉輅。金輅。象輅。革輅。木輅。註曰。金玉象以飾諸末。革輅鞔之以革而漆之。木輅漆之而已。○雲峯胡氏曰。商尚質。亦有過於質者。商之輅則得乎質之中者也。

服周之冕

周冕有五。祭服之冠也。冠上有覆。敷救反前後有旒。音流黄帝以來蓋已有之。而制度儀等至周始備。何晏曰。世本云。黄帝作冕。

周禮弁師掌王五冕。其制蓋以木爲幹。以布衣之。上玄下朱。取天地之色。阮諶三禮圖云。長尺六寸。廣八寸。天子以下皆同。前圓後方。前垂四寸。後垂三寸。鄭云。天子之袞冕十二旒。鷩冕九旒。毳冕七旒。絺冕五旒。玄冕三旒。旒各十二玉。公之袞冕九旒九玉。侯伯七旒七玉。子男五旒五玉。孤三旒三玉。大夫二旒二玉。士以弁。庶人以冠。○周禮春官司服王之吉服。祀昊天上帝則服大裘而冕。祀五帝亦如之。享先王則袞服。享先公饗射則鷩冕。祀四望山川則毳冕。祭社稷五祀則絺冕。祭群小祀則玄冕。六服同冕者。首飾尊也。大裘。羔裘也。袞衣。卷龍衣也。九章。初一曰龍。次二曰山。次三曰華蟲。次四曰火。次五曰宗彝。皆畫以爲繢。次六曰藻。次七曰粉米。次八曰黼。次九曰黻。皆絺以爲繡。則袞之衣五章。裳四章。凡九章也。鷩畫以雉。謂華蟲也。其衣三章。裳四章。凡七章也。毳畫虎蜼。謂宗彝也。其衣三章。裳二章。凡五章也。絺刺粉米。無畫也。其衣一章。裳二章。凡三章也。玄者衣無文。裳刺黻而已。是以謂之玄焉。凡冕服皆玄衣纁裳。然其爲物小而加於衆體之上。故雖華而不爲靡。雖費而不及奢。夫子取之。蓋亦以爲文而得其中也。或問周冕之不爲侈何也。朱子曰。冕加之首。則體嚴而用約。詳其制。則等辨而分明。此周冕所以雖文而不爲過也。夏商之制雖不可考。然意其必有未備者矣。○雲峯胡氏曰。周尚文。則有過於文者。周之冕則得乎文之中者也。

樂則韶舞。

取其盡善盡美。問顏子問爲邦。孔子止告之以四代之禮樂。卻不及治國平天下之道。莫是此事顏子平日講究有素。不待夫子再言否。朱子曰。固是如此。顏子事事了得了。只欠這些子。故聖人斟酌禮樂而告之。○顏子資稟極聰明。凡是涵養得來都易。如聞一知十。如於吾言無所不說。如亦足以發。如問爲邦之時。將許多大事分付與他。是他大段了得。看問爲邦而孔子便以四代禮樂告之。想是所謂夏時、商輅、周冕、韶舞。當傳我以文之時。都理會得了。唯是顏子有這本領方做得。若無這本領。禮樂安所用哉。○新安陳氏曰。韶舞以樂聲兼樂容而言也。

放鄭聲。遠佞人。鄭聲淫。佞人殆。遠去聲

放謂禁絶之。鄭聲。鄭國之音。佞人。卑諂辨給之人。殆。危也。雲峯胡氏曰。集註前訓佞字但謂其辨給。此則先之以卑諂。蓋辨給在口。卑諂在心。此所謂巧言令色孔壬者也

○程子曰。問政多矣。惟顏淵告之以此。蓋三代之制。皆因時損益。及其久也。不能無弊。周衰。聖人不作。故孔子斟酌先王之禮。立萬世常行之道。發此以爲之兆耳。由是求之。則餘皆可考也。朱子曰。發此爲之兆。兆猶準則也。非謂爲邦之道盡於此四者。略說四件作一箇準則。則餘事皆可依倣此而推行之耳。○雲峯胡氏曰。須看斟酌二字。以三代正朔。斟酌之不如夏之時得其正。輅至周而過侈。斟酌之不如從殷之爲得其中。冕自黃帝已有之。至周而其制始備。斟酌之不如從周爲得其中。自堯舜湯武皆有樂。斟酌之不如韶樂之盡善盡美。夫子姑舉此四者以例

其餘皆當如此斟酌而行之也張子曰。禮樂治去聲下同之法也。放鄭聲遠佞人。法外意也。一日不謹則法壞矣。虞夏君臣更平聲相戒飭意蓋如此。又曰。法立而能守則德可久業可大。鄭聲佞人能使人喪去聲其所守故放遠之或問鄭衛之音。皆爲淫奔夫子獨欲放鄭何也。朱子曰。衛詩三十九。淫奔之詩纔四之一。鄭詩四十一。淫奔之詩已不啻七之五。衛猶男悅女之詞。鄭皆女惑男之語。衛猶多譏刺懲創之意。鄭幾蕩然無復羞愧悔悟之萌。鄭聲之淫甚於衛矣。夫子獨以鄭聲爲戒而不及衛。舉重而言也。○張氏好古曰。小人之禍國家。柔惡尤可畏於剛惡。剛惡桀黠強暴。中才之主猶畏而遠之。爲害猶淺。惟柔佞者諂諛側媚。使人喜愛親暱。聰明之君猶爲所惑。有覆亡而終不悟者。夫子舉佞人。亦以小人之尤者言也。是知有百王之大法。有萬世之大戒。四代禮樂爲百王立此法也。戒以鄭聲佞人。爲萬世保此法也。○慶源輔氏曰。治道成於樂。鄭聲樂之淫者。能搖蕩人之性情。以壞其成。故放絕之。治道係於人才。使人。人才之賊也。利口辨給。能變亂是非。以移奪人之心志。而喪其所守。故屛絕之。○雙峯饒氏曰。法外意者。意在法之表。意所以立此法。所以用此法。亦所以守此法。先王有不忍人之心。斯有不忍人之政。有關雎麟趾之意。然後可以行周官之法度。即此意也。

尹氏曰。此所謂百王不易之大法。孔子之作春秋。蓋此意也。孔顏雖不得行之於時。然其爲治之法。可得而見矣。

程子曰。舉前代之善者。準此以損益之。此成法也。鄭聲使人淫溺。佞人使人危殆。放遠之。然後可守成法。○三王之法。各是一王之法。故三代損益文質。隨時之宜。若孔子所立之法。乃通萬世不易之法。孔子於他處亦不見說。獨答顏回云。行夏之時。乘殷之輅。服周之冕。樂則韶舞。此是於四代中舉這一箇法式。其詳細雖不可見。而孔子但示其大法。使後人就上修之。又曰。鄭聲佞人。最爲治之害。故遠亦人之所難。○和靖尹氏曰。孔子告顏子以四代禮樂。而繼以放鄭聲遠佞人。蓋此事易惑人也。○問伊川春秋傳序引夫子答爲邦之語。惟顏子嘗聞春秋大法。何也。朱子曰。此不是孔子將春秋大法向顏子說。蓋三代制作極備矣。孔子更不可復作。故告以四代禮樂。只是集百王不易之大法。其作春秋。善者則取之。惡者則誅之。要亦明聖王之大法。意亦只是如此。故伊川引之爲樣耳○南軒張氏曰。聖人監四代之事而損益之。以爲百王不易之典。此其大綱也。其綱見於此。而其目則著於春秋。以此答顏淵。惟顏子可以與於斯也。放鄭聲。遠佞人。以爲邦之大法也。以其易溺而難防。故重言之。鄭聲淫。佞人殆。聖人每致戒於斯者。非聖人必待戒乎此也。於此設戒。是乃聖人之道也。放鄭聲遠佞人。而後四代之法度可以興行而無斁矣○或問孔子言王道。只言禮樂。如夏時商輅周冕是也。孟子言王道。只言政事。如衣帛食肉經界井地是也。意者孔子言王道之本。孟子言王道之務。潛室陳氏曰。孔子爲學者言。止言經世之大綱。孟子爲時君言。當論濟時之急務

○子曰。人無遠慮。必有近憂

蘇氏曰。人之所履者容足之外皆爲無用之地。而不可

廢也。故慮不在千里之外，則患在几席之下矣。程子曰。人無遠慮必有近憂。思慮當在事外。○南軒張氏曰。慮之不遠。其憂必至。故曰近憂。易於履霜。即曰堅氷至。以見其憂之在近也。慮患於履霜之初。則有以弭憂矣。○覺軒蔡氏曰。按蘇氏之說遠近以地言。若遠近以時言。恐亦可通。如國家立一法度。若不爲長遠之慮。則目前即有近憂矣。○雙峯饒氏曰。蘇氏只說得地之遠近。欠說時之遠近。若云慮不及千百年之遠。則患在旦夕之近矣。意方足。○厚齋馮氏曰。慮在事未來之先。憂在事既至之後。慮不遠則備不豫。而憂近矣。慮遠而備豫。則有以弭憂也。

○子曰：已矣乎，吾未見好德如好色者也。好，去聲。

已矣乎，歎其終不得而見之也。南軒張氏曰。世之誠於好德者鮮。夫子所以歎也。○慶源輔氏曰。自恐其終不獲見。所以警人使知自勉也。○新安陳氏曰。吾未見好德如好色者也。已見子罕篇。此加上三字。而警人之意愈切。

○子曰：臧文仲其竊位者與？知柳下惠之賢而不與立也。

者與之與，平聲。

竊位，言不稱去聲其位而有愧於心。如盜得而陰據之也。柳下惠，魯大夫展獲，字禽，食邑柳下。謚曰惠。與立，謂與之並立於朝。朝音潮。范氏曰：臧文仲為政於魯，若不知賢，是不明也。知而不舉，是蔽賢也。不明之罪小，蔽賢之罪大。故孔子以為不仁，張氏存中曰：見公冶長篇子產有君子之道四焉章。又以為竊位。慶源輔氏曰：爵位，天之所以待人才，有才德者之所宜居也，豈一己可得而私有哉？如盜得而陰據之，則蔽賢抑能，悖天行私，而不自知其非矣。○或謂竊人之物者，惟恐人見而奪之；竊人之位者，惟恐賢者見用而逼己。雙峯饒氏曰：恐有此等意思。竊人物者，恐人見得便證出他來。臧文仲自居上位，亦自有所長，若與柳下惠並立。便被他形出己之短。所以蔽而不進之。○勿軒熊氏曰。公叔文子與大夫僎同升。則稱其文。臧文仲知柳下惠而不與立。則譏其竊位。蓋在上位以薦賢爲重也。○新安陳氏曰。不明者知識之暗。不智也。蔽賢則心術之私。不仁也。豈非偷竊職位以爲己之私有。而不復以職位爲國家待賢之公器歟。文仲魯賢大夫。夫子不雷同而賢之。大公至正之心也

○子曰。躬自厚而薄責於人。則遠怨矣。遠去聲

責己厚。故身益脩。責人薄。故人易從。所以人不得而怨之。朱子曰。厚是自責得重。責了又責。積而不已之意。呂伯恭性褊急。只因病中讀論語至躬自厚而薄責於人。遂一向如此寬厚和易。此可爲變化氣質之法。○新安陳氏曰。此即成湯檢身若不及。與人不求備之意。脩己待人。當然之理也。非爲求遠怨而後爲之。遠怨乃自然之效耳

○子曰。不曰如之何如之何者。吾末如之何也已矣

如之何如之何者。熟思而審處上聲之辭也。不如是而妄行。雖聖人亦無如之何矣。朱子曰。只是要再三反覆思量。若率意妄行。雖聖人亦無奈他何。○雙峯饒氏曰。上言如之何是思而處之。下言如之何是思之熟而處之審也

○子曰。羣居終日。言不及義。好行小慧。難矣哉。好去聲

小慧。私智也。言不及義。則放辟僻同邪侈之心滋。好行小慧。則行險僥倖之機熟。難矣哉者。言其無以入德而將有患害也。朱子曰。下三句雖從第一句帶下來。必羣居終日而如此。尤見得下二句爲亂道。言不及義。無學識之村人多如此。既言不及義。而惟止好行小慧。則其爲邪惡傾險之小輩審矣。欲免於罪過。難矣哉。○或問慧固明智之稱。曰。小慧則不本於義理。而發於計較利欲之私耳。○南軒張氏曰。義者天理之公。小慧則繆巧之私而已。小慧之好。義之賊也。○雙峯饒氏曰。此雖兩事。其實相因。○胡氏曰。集註所謂滋則其心日

甚一日。熟則其機日深一日。所以至此者以其羣居而終日如此也。言不及義故無以入德。好行小慧故將有患害焉

○子曰君子義以爲質禮以行之孫以出之信以成之君子哉孫去聲

義者制事之本。故以爲質幹而行之必有節文出之必以退遜成之必在誠實乃君子之道也○程子曰義以爲質如質幹然禮行此孫出此信成此此四句只是一事以義爲本朱子曰義以爲質是制事先決其當否了其間節文次第須要皆具此是禮以行之然徒知盡其節文而不能孫以出之則亦不可且如人知尊卑之分須當讓他然讓之時辭氣或不能婉順便是不能遜以出之信以成之者是終始誠實以成此一事卻非是遜以出之後方信以成之也○義則是合

宜。義有剛決意思。然不直撞去。禮有節文度數。故用禮以行之。孫以出之。是用和爲貴。義不和。用禮以行之。已自和。然禮又嚴。故遜以出之。使從容不迫。信是朴實頭做。無信則義禮遜皆是僞。○問禮行遜出何別。曰行是安排恁地行。出是從此發出。禮而不遜。則不免矯世以威嚴加人。○陳氏曰。事到面前便斷可否。此在先是義以爲質。可否既定。或從或違。所以區處須中節文。無過不及。是禮以行之。於其區處或出辭氣須遜順而無峻厲方不忤人。是遜以出之。其總歸須一誠實。則此事之成。無欠缺可悔處。是信以成之。四者皆一套事。只於日用間驗之自見。○雙峯饒氏曰。當然處是義。質是箇坯朴子。君子以義作箇坯朴。却以禮來文這義。擺布教恁地有條理。然義有圭角。又須遜順以出之。使之無圭角。然既如此。又恐失了義之本眞。故又須信以成之。不易其當然之則。又曰。義以爲質。而非禮行遜出。則質而不文。禮行遜出。而不成之以信。則文勝而滅質。皆非君子之道○雲峯胡氏曰。義不可以直遂。行之出之在禮遜。義不可以僞爲。成之在信實。然非禮遜之後。又加以信也。曰義。曰禮。孫。始終一實而已矣

又曰。敬以直内。則義以方外。義以爲質。

則禮以行之孫以出之信以成之朱子曰義以爲質便是自義以方外處說起若無敬以直内也不知義之所在○南軒張氏曰義以方外是義爲用也而此章則以義爲體蓋物則森然具於秉彝之内此義之所以爲體也必有是體而後品節生焉故禮之所以行此者也其行之也以遜順則和而不失故遜所以出此者也而信者又所以成此者也蓋義爲體而禮與孫所以爲用而信者又所以成終者也信則義行乎事事物物之中而體無不具矣○慶源輔氏曰敬以直内義以方外是從内說出外義以爲質禮以行之孫以出之信以成之是由外說入内○胡氏曰必敬存而後義立義者事之質而敬又義之本推而上之也○潛室陳氏曰敬以直内則義乃方外是敬爲體而義爲用若以義爲質則禮行此義者也孫出此義者也信成此義者也是義爲體而三者爲用矣○新安陳氏曰此章本無敬以直内意程子又推本言之

○子曰君子病無能焉不病人之不己知也南軒張氏曰病無能者非他也病夫履行之無其實也○問既謂之君子又緣何病其無能雙峯饒氏曰若自

以爲有能。則不足以爲君子。如云君子道者三我無能焉。君子之道四丘未能一焉。夫子豈是無能者

○子曰。君子疾沒世而名不稱焉

范氏曰。君子學以爲去聲己。不求人知。然沒世而名不稱焉。則無爲善之實可知矣南軒張氏曰。有是實則有是名。名者所以命其實也。終其身而無實之可名。君子疾諸。非謂求名於人也○雙峯饒氏曰。言沒世者。蓋棺事乃定。生前或可干名。沒後却粧點不得。公論方定。非有可稱之實者。必不見稱於人。沒後有名可稱。則眞有善可知。大學沒世不忘亦此意○厚齋馮氏曰。病之者。病我也。疾之者。疾人也○齊氏曰。求有爲善之名。固君子之所羞。終無爲善之實。亦君子之所惡。故長而無述。孔子責之。四十五十而無聞。孔子歎之。沒世而無稱。孔子疾之。然則學者亦可以勉矣

○子曰。君子求諸己。小人求諸人

謝氏曰。君子無不反求諸己。小人反是。此君子小人所

以分也○楊氏曰。君子雖不病人之不已知。然亦疾沒世而名不稱也。雖疾沒世而名不稱。然所以求者亦反諸己而已。小人求諸人。故違道干譽無所不至。三者文不相蒙而意實相足。亦記言者之意

或問楊氏之説似太巧。朱子曰。雖巧而有益於學者○以好名爲戒。此固然矣。然偏持此論。將恐廉隅毀頓。其弊有甚於好名。故君子疾沒世而名不稱焉。而又曰君子求諸己。詳味此言。不偏不倚。表裏該備。此其所以爲聖人之言歟。學者要當如此玩心。則勿忘勿助之間。天理卓然矣○南軒張氏曰。君子無適而非求諸己。小人無適而非求諸人。求諸己則德日進。求諸人則欲日肆。君子小人之分。蓋如此也○胡氏曰。范氏合上二章爲一意。楊氏於此又合三章爲一意。文意反覆。互相周備。雖非夫子立言之旨。記者取而相足也

○子曰。君子矜而不爭。羣而不黨

莊以持己曰矜。然無乖戾之心。故不爭。和以處上聲衆曰羣。然無阿比毗至反之意。故不黨。程子曰。君子以矜莊自持。不與人爭。○龜山楊氏曰。矜者矜莊之矜。非謂矜伐也。○朱子曰。矜是自把捉底意思。故書曰。不矜細行。終累大德。○南軒張氏曰。矜莊自持。易至絶物而失於爭。羣居相與。易至徇物而失於黨。君子非與人異也。處己嚴而不失於和。故矜而不爭。非不與人同也。待物平而不失於公。故羣而不黨。○慶源輔氏曰。莊以持己理也。然用意或過則便至乖戾之心生。而與人爭。和以處衆理也。然用意或過則便至阿比之意起。而與人黨。天理存亡。只在一息之間。夫子言君子如此。所以使學者於持己處衆之際。戒謹恐懼。務盡其理。而防私意之或萌也。○新安陳氏曰。矜也忿戾。則矜而爭矣。可以羣。羣而不流於黨也。

○子曰。君子不以言擧人。不以人廢言。

南軒張氏曰。以言擧人。則行不踐者進矣。此固不可也。然而雖使小人言之而善。亦不害其爲善者也。以人廢之。則善言棄矣。故君子雖不以言舉人。而亦不以人廢言。公心無蔽也。○新安陳氏曰。君子不以其言之善。而遽舉用其人。以人之行多不及言故也。亦不以其人之惡。而廢其言之善。以一言之善自不可沒故也。如孔子因宰予晝寢。而聽言必觀行。孟子不沒陽虎爲富不仁之言。聖賢之心。公而無蔽故如此

○子貢問曰。有一言而可以終身行之者乎。子曰。其恕乎。己所不欲。勿施於人

推己及物。其施不窮。故可以終身行之。○尹氏曰。學貴於知要。子貢之問。可謂知要矣。孔子告以求仁之方也。新安陳氏曰。恕者求仁之方。語曰。能近取譬。可謂仁之方也已。孟子曰。強恕而行。求仁莫近焉推而極之。雖聖人之無我不出乎此。終身行之不亦宜乎問言恕必兼言忠。如何此只言恕。朱子曰。不得忠時不成恕。獨說恕時忠在裏面了。○問終身行之其恕乎。絜矩之道。是

恕之端否。曰。絜矩正是恕○南軒張氏曰。人之患莫大
於自私。恕者所以克其私而擴公理也。己所不欲。勿施
於人。恕之方也。是所當終身而行之者。極其至則仁也。
忠。恕。體用也。獨言行恕者。蓋於其用力處言之。行恕則
忠可得而存矣○慶源輔氏曰。推己及物。即己所不欲
勿施於人之恕也。非有資於人。在我施之而已。烏有窮
盡。故可以終身行之。此蓋指其用而言之。又曰。始則推
己及物。終則爲聖人之無我。不出乎一恕字而已。終身
行之。豈不爲宜。此又極其效而言之。知要之說。尤爲有
警於學者。蓋聖學以仁爲先。而恕則求仁之方也○陳
氏曰。己所不欲。勿施於人。只就一邊論。其實不止勿施
所不欲者。凡己所欲者。須要施於人方可。如己欲孝欲
弟。人亦欲孝欲弟。必推己所欲孝欲弟者以及人。使人
亦得以遂其欲孝欲弟之心。便是恕。只是推己之心流
行到那物而已。恕之義甚闊大。自漢以來。恕字之義不明
有謂善恕己量主。范忠宣亦謂以恕己之心恕人。不知恕
字就己上著不得。據他說恕字只似饒人的意思。恰似今
人說且恕之不輕恕之意。如此是己有過且自恕。人有過
又併恕人。乃相率爲不肖之歸。豈推己如心之義乎○雙
峯饒氏曰。此問在未聞一貫之先。子貢多學欲知博中之

約遂發此問一言是一字所以只以一恕字答之○新安陳氏曰視人猶己一視同仁此聖人之無我也惟其略無私己故仁之用自然如此

○子曰吾之於人也誰毀誰譽如有所譽者其有所試矣

譽平聲

毀者稱人之惡而損其眞譽者揚人之善而過其實夫子無是也然或有所譽者則必嘗有以試之而知其將然矣聖人善善之速而無所苟如此若其惡惡則已緩矣是以雖有以前知其惡而終無所毀也朱子曰毀者人本未有十分惡將做十分惡說他便是毀若只據他之惡說之不謂之毀如一物本完全今打破了便是毀若那物元破了不可謂之毀譽亦是稱獎得過當有所試者那人雖未有十分善我試之知得將來如此若毀人則不如此

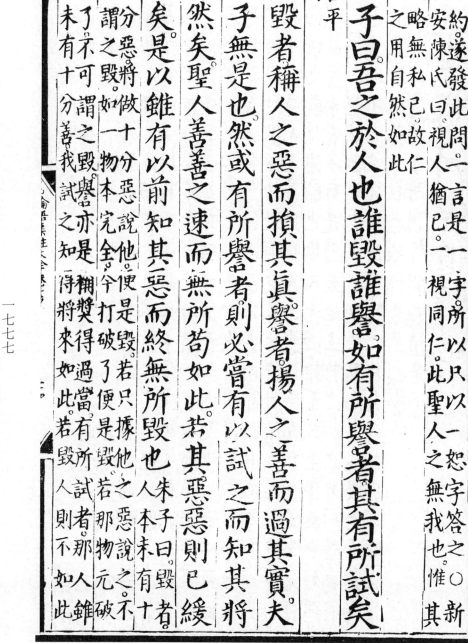

也○或問毀譽之說。曰。毀者惡未著而遽詆之。譽者善未著而亟稱之也。試者。驗其將然之辭。聖人之心。光明正大。稱物平施。無毫髮之差。故人之善惡。稱之未有少有過其實者。然以欲人之善也。故但有試而知其賢。則善雖未顯。已進而譽之矣。不欲人之惡也。故惡之未著者。雖有以決知其不善。而卒未嘗遽詆之也。此所以言譽而不言毀。蓋非若後世所謂恥言人過而全無黑白者。但有先褒之善。而無豫詆之惡。則是聖人之心耳。曰。若有譽而無毀。則聖人之心爲有所倚矣。曰。有譽無毀。是乃善善速惡惡緩之意。正書所謂與其殺不辜。寧失不經。罪疑惟輕。功疑惟重。春秋傳所謂善善長惡惡短。孔子樂道人之善。惡稱人之惡之意。而仁包五常。元包四德之發見證驗也。聖人之心。雖至公至平。無私好惡。然此意未嘗不存。是乃天地生物之心也。若以是爲有倚。而以恝然無情者爲至。則恐其高者入於老佛荒唐之說。而下者流於申商慘酷之科矣○胡氏曰。毀云損其眞。若叔孫武叔之毀仲尼是也。譽云過其實。孟子所謂聲聞過情是也

斯民也三代之所以直道而行也

斯民者，今此之人也。三代，夏、商、周也。直道，無私曲也。言吾之所以無所毁譽者，蓋以此民即三代之時所以善其善、惡其惡而無所私曲之民，故我今亦不得而枉其是非之實也。朱子曰：所以字本虚，然意味乃在此。新安陳氏曰：此句繳上一截誰毁誰譽之意。

○尹氏曰：孔子之於人也，豈有意於毁譽之哉？其所以譽之者，蓋試而知其美故也。斯民也，三代所以直道而行，豈得容私於其間哉？朱子曰：斯民，是今此之民，即三代之時所以爲善之民。聖人說一句話，便是恁地闊，便是從頭說下來。此民乃是三代時直道而行之民，我今若有所毁譽，亦不得迂曲而枉其是非之實。○南軒張氏曰：誰毁誰譽，謂吾於人初無毁譽之意也。而有所譽者，必有所試也，因其有是實而稱之。春秋之時，風俗雖不美，然民無古今之異，三代所以直道而行者，亦斯民也。順理之謂直，可毁可譽在彼循其理而已。先王命德討罪。亦若是也○雙峯饒氏曰。下面民字。即上面人字。但人對己而言。民對君而言。緣有三代字在上。故言今此之民。與三代之民一般。但三代化行俗美。好惡得其眞。後世教化不明。風俗不美。直變爲枉。所以有稱人惡而損其眞。揚人善而過其實者。吾之於人則不然。蓋視今此之人。爲三代直道之民。而不視之爲後世枉道之民也○雲峯胡氏曰。朱子云。所以二字有味。蓋善善惡惡無所私曲。今之民與三代之民皆然。是必有所以然者矣○新安陳氏曰。尹氏之意略而未明。朱子就其說而發明得精切至到耳。善善惡惡。無所私曲。乃人心天理所在。萬世如一日也。三代之人心如此。今日之人心亦如此。聖人不得容私於其間也。然有先襃之善。而無豫詆之惡。善善急。惡惡緩之心。未嘗不行乎其間焉。好善忠厚之心。與善善惡惡無私曲之心。並行而不相悖也

○子曰。吾猶及史之闕文也。有馬者借人乘之。今亡矣夫音扶

楊氏曰。史闕文。馬借人。此二事孔子猶及見之。今亡與無通矣夫。悼時之益偷也。愚謂此必有爲去聲而言。意必偶見有此事。蓋雖細故。而時變之大者可知矣。南軒張氏曰。有馬借人乘之。己雖有馬不能乘。則借人乘之。史有闕文以待來者。其意亦猶是也。言始猶及見而今則亡。歎風俗之日趨於薄也。○勉齋黄氏曰。今亡矣夫。歎古人謙厚之意不復見也。葉氏少藴曰。古者六書皆掌於史官。班孟堅言古制書必同文。不知必闕。問諸故老。至於衰世。是非無正。人用其私。故子曰吾猶及史之闕文也。今亡矣夫。雖略去有馬者借人乘之之語。其傳必有自矣。○齊氏曰。三代無乘馬者。所謂乘乘。如詩言乘乘鴇。乘乘黄。蓋四馬駕車而乘之也。借人乘之。蓋有子路車馬與朋友共之意。○雲峯胡氏曰。史闕文。猶不挾己所見以自是。馬借人。猶不挾己所有以自私。○新安陳氏曰。疑以傳疑。物與人共。皆人心近古處。二事雖小。而人心之不古亦可見。○

胡氏曰。此章義疑不可強上聲解。趙氏曰。二事大小精粗實不相並。故又載胡氏

說于後。亦闕疑之意

○子曰。巧言亂德。小不忍則亂大謀

巧言變亂是非。聽之使人喪去聲其所守。小不忍。如婦人之仁。匹夫之勇皆是

或問婦人之仁。匹夫之勇。強弱不同。同爲不忍。何也。朱子曰。忍之義禁而不發之謂。婦人之仁。不能忍其愛也。匹夫之勇。不能忍其忿也。○慶源輔氏曰。婦人之仁。失於不斷。匹夫之勇。失於輕決。二者之失不同。而皆足以亂大謀。蓋大謀雖斷。而輕決則又失之。○雲峯胡氏曰。亂大謀。彼自亂彼之事。亂德。非惟自亂其心術。且能亂人之心術。是非有定理。而彼以是爲非。以非爲是。使聽者失其所守爲人心之害莫大焉。婦人之仁。柔惡爲無斷。匹夫之勇。剛惡爲強梁

○子曰。衆惡之。必察焉。衆好之。必察焉好惡並去聲

楊氏曰。惟仁者能好惡人。衆好惡之而不察。則或蔽於

私矣南軒張氏曰。天下之善惡。有如黑白之易明者。衆之好惡。固所同也。至於事若善而其情則有害。事若不善而其情或可取。此衆人之所惑。而君子之所察也。孟子於仲子匡章是也。○胡氏曰。察者詳審之謂。非謂衆人之好惡皆非也。特恐其或蔽於私。故加詳審爾○雙峯饒氏曰。南軒所引仲子匡章事甚切。齊人皆以仲子爲廉。孟子獨能辨其不廉。此其衆好必察處。匡章通國皆稱其不孝。孟子獨不以不孝目之。此是衆惡必察處。又曰。衆好惡固當察。然我心無私意。方能察之。若有私意。則衆好惡之得其當者。我反以爲非矣。所以惟仁者能好惡人也。○新安陳氏曰。惟仁者無私心。而好惡當於理。方能爲衆人之衡鑑焉

○子曰。人能弘道。非道弘人。

弘。廓苦郭反而大之也。人外無道。人之身。即道之所寓。道外無人。道即人之所以爲人之理。然人心有覺。而道體無爲。故人能大其道。道不能大其人也。○張子曰。心能盡性。人能弘道也。性不

知檢其心非道弘人也問人能弘道朱子曰道如扇人如手手能搖扇扇如何搖手○問性不知檢其心潛室陳氏曰性指道心指人○雙峯饒氏曰此道字是就自家心上說若就道體上說則道自際天蟠地何待人弘又曰四端甚微廣而充之則不可勝用此之謂人能弘道○四如黄氏曰弘有二義人之得是道於心也方其寂然而無一理之不備亦無一物之不該這是容受之弘及感而通無一事非是理之用亦無一物而非是理之推這是廓大之弘其容受也人心攬之若不盈掬而萬物皆備於我此弘之體其廓大也四端雖微火然泉達充之足以保四海此弘之用性分之所固有者一一盡收入來職分之所當爲者一一便推出去方是弘

○子曰過而不改是謂過矣

過而能改則復於無過唯不改則其過遂成而將不及改矣新安陳氏曰過而肯改則過泯於無過而不改則過成而有

○子曰吾嘗終日不食終夜不寢以思句無益句不如學也

此爲去聲思而不學者言之蓋勞心以必求不如遜志而自得也李氏曰夫子非思而不學者特垂語以教人爾

朱子曰思是硬要去做學是依這本子小著心隨事順理去做○遜志是卑遜其志放退一著寬廣以求之不忒恁地迫窄便要一思而必得○問聖人眞箇終日不食終夜不寢以思否曰聖人也曾恁地來聖人說發忿忘食却是眞箇惟橫渠知得此意嘗言孔子煞喫辛苦來○南軒張氏曰此章非以思爲無益也以思而不學則無益耳○雲峯胡氏曰書說命惟學遜志一句六經言學所從始非特取卑遜之義不淩節而施之謂遜蓋勉勉循循其學有自得之益勞心以必求徒思而未必有得也

○子曰君子謀道不謀食耕也餒在其中矣學也祿在其

中矣。君子憂道不憂貧。餒，奴罪反。
耕所以謀食，而未必得食；學所以謀道，而祿在其中。然
其學也，憂不得乎道而已；非爲去聲憂貧之故，而欲爲是
以得祿也。○尹氏曰：君子治其本而不卹其末，豈以自
外至者爲憂樂音洛哉？朱子曰：君子謀道不謀食，是將一句統說。中又分兩脚說：耕也餒在
其中，學也祿在其中。又恐人錯認此意，似教人謀道以
求食，故下面又繳一句，謂君子所以爲學者，所憂在道
爾，非憂貧而學也。○學固不爲謀祿，然未必不得祿；如
耕固不求餒，然未必得食。雖是如此，然君子之心却只
見道不見祿。○凡言在其中，蓋言不必在其中而在焉
者矣。○問：耕也餒在其中，學也祿在其中，兩句似相反。
潛室陳氏曰：耕本謀食，却有時而餒；學非謀食，却可以
得祿。○雙峯饒氏曰：首句重在謀字上，末句重在憂字
上。謀以事言，憂以心言。憂道自然不憂貧，到不憂貧地
位也是難事。學者縱未能不憂貧，也且以此等意思存

之曾中久久自別○雲峯胡氏曰凡學而謀食者只爲貧富關打不透爾果不憂貧自不謀食○新安陳氏曰謀食之食以食祿言與祿字相關耕也餒在其中一句自是引喻此章夫子始終教學者以審內外之輕重也君子惟謀學以明道而不謀食以得祿譬之耕本不求餒而餒自在其中是學本不求祿而祿自在其中學焉而聽祿之自至可也末又申言之憂道以見其謀道不憂貧以見其不謀食憂出於心謀見於事憂之深然後謀之熟無非欲學者知內之重而外之輕耳

○子曰知及之仁不能守之雖得之必失之知去聲

知足以知如字此理而私欲間去聲下同之則無以有之於身矣程子曰知及之仁不能守之無得也○知及之仁不能守之此言中人以下也若夫眞知未有不能守者○新安陳氏曰好學近乎知力行近乎仁學而知之明則知及而得之矣不能無私力行而守之不固雖得之必失之也

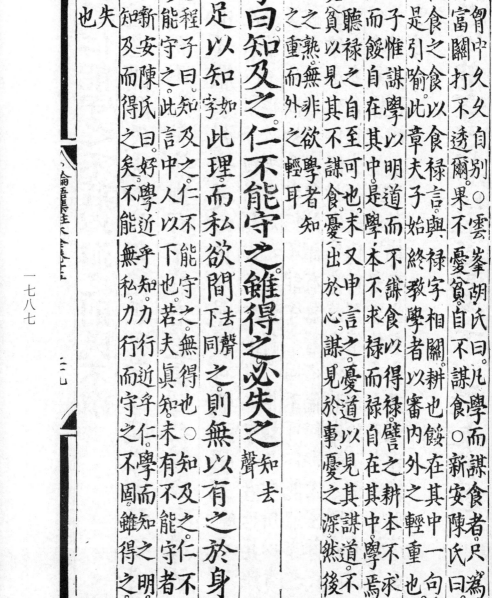

知及之，仁能守之，不莊以涖之，則民不敬。

涖，臨也。謂臨民也。知此理而無私欲以間之，則所知者在我而不失矣。然猶有不莊者，蓋氣習之偏，或有厚於內而不嚴於外者，是以民不見其可畏而慢易去聲之。下句放上聲此。張子曰：所謂知及之，必欲仁守之者，恐其難得必失耳。知之非艱，行之惟艱，此守所以貴乎篤也。○問：知及之，仁不能守之，固不可。仁既能守之，而猶有不莊之戒，集註謂有氣習之偏，何耶？潛室陳氏曰：蓋雖是有仁能持守，然當臨涖之時，舉動之際，此心小懈，即妄念便生。須是逐時照管，令罅縫不開。才有罅縫，便有氣習之偏。此是聖賢點檢身上工夫周密處。雖是本體已造醇美，猶恐節目上有疵，又須逐節照管，要令盡善盡美。

知及之，仁能守之，莊以涖之，動之不以禮，未善也。

動之。動民也。猶曰鼓舞而作興之云爾。禮謂義理之節
文。朱子曰。動字不是感動之動。是使民底意思。謂使民
去做這件事亦有禮。是使之以禮。下梢禮字歸在民
身上。○動之是指民說。如蒐田獮狩就其中教之少長
有序之事。便是使之以禮。蓋使他以此事。此事有禮存
也。○愚謂學至於仁。則善有諸己而大本立矣。涖之不
莊。動之不以禮。乃其氣禀學問之小疵。然亦非盡善之
道也。朱子曰。固有生成底。然亦不可專主氣質。蓋亦有
學底。○慶源輔氏曰。不莊。氣質之偏也。不以禮。學
問之闕也。故夫子歷言之。使知德愈全則責愈備。不可以爲
小節而忽之也。朱子曰。知及之。如大學知至。仁守之。如
意誠。涖不莊。動不以禮。如所謂不得其
正。所謂敖惰而辟之類。知及仁守是明德工夫。下面是
新民工夫。○問知及仁守到仁是極了。却又要莊涖動
以禮底工夫。如何。曰。人自有此心純粹不走失。而於接
物治民時少些莊嚴意思。自不足以使人敬。此便是未

盡善處。又問此是要本末工夫兼備否。曰。固是。但須先有知及仁守做箇根本。方好去檢點其餘。便無處無事不善。若根本不立。又有何可點檢處。○或問知及仁守爲學之事也。莊涖禮動。爲政之事也。然爲學之事。雖未及乎爲政。至於接物處家之際。亦非莊涖禮動不能爲也。爲政者雖不專於爲學。然非知識之明而持守之固亦無以爲臨政之地矣。○此一章當以仁爲主。所謂知及之。所以求吾仁。涖之動之。所以持養吾仁者。○或問此章。曰。大抵發明內外本末之序極爲完備。而其要以仁爲重。仁能守之。則大本已立。雖臨民不以莊。動民不以禮。亦其支節之小失耳。然亦不可不自警省以求盡善。而全其德也。○南軒張氏曰。知及之。仁不能守之。則未能保之也。仁能守之。則在己者實矣。又須莊以涖之而動之則以禮。動之以禮者。以禮教民。則民作興也。此雖統言爲政之道。至此而後善。然所以成己亦一而已○雙峯饒氏曰。此章六箇之字要分別。及之守之。得之失之。此四之字指理而言。涖之動之。此二之字指民而言。○雲峯胡氏曰。仁者心德之全。知及仁守。而猶曰不莊以涖之。則民不敬者。德之全而責之備也。知及仁守莊涖。而猶曰動之不以禮爲未善者。德愈全而責愈備

也。大本已立。固足以見其心德之全。小節未善。亦足以爲全德之累

○子曰。君子不可小知而可大受也。小人不可大受而可小知也

此言觀人之法。知。我知之也。受。彼所受也。蓋君子於細事未必可觀。而材德足以任重。小人雖器量去聲淺狹。而未必無一長可取朱子曰。一事之能否。不足以盡君子之蘊。然能任天下之重而不懼。小人一才之長。亦可器使。但不可以任大事耳○吳氏曰。方舜之耕稼時。視之猶人也。一旦受堯之天下。若素有之。小人有立談之間。而其材可知者。至委以國。則未有不敗。○南軒張氏曰。君子所存者大。故不可以小者測知。而可以當其大者。小人局於狹小。其長易見。故不可以任大。而可以小知之。大受。如學者之學聖人。有爲者之當大任是也。事而可以小知之。小人用過其量則敗矣○雙峯饒氏曰。君子於小事上有拙處。小人於小事上

有長處。所以不可以一節觀之。或問君子才全德備。何爲於小事上有拙處。曰。不可以一槩論。君子亦有等降。但其大體正當。雖細微處有未盡。亦不害其爲君子。又曰。此小人是小有才之人。非庸常之小人。○雲峯胡氏曰。小節可以知小人。不足以知君子。大受可以許君子。不可以許小人。材之所成爲器。德之所充爲量。君子之所以可大受者。材與德俱大。小人之不可大受者。器與量俱小故也。

○子曰。民之於仁也。甚於水火。水火吾見蹈而死者矣。未見蹈仁而死者也。

民之於水火。所頼以生。不可一日無。其於仁也亦然。但水火外物。而仁在己。無水火不過害人之身。而不仁則失其心。是仁有甚於水火而尤不可一日無者也。況水火或有時而殺人。仁則未嘗殺人。亦何憚而不爲哉。李氏曰。此夫子勉人爲仁之語。下章放上聲此問夫子言吾未見蹈仁而死者也。後又言志士仁人有殺身以成仁者。潛室陳氏曰。蹈仁有益無害。人何憚而不爲。此勉人爲善之語。若到殺身成仁處。是時不管利害。但求一箇是而已。學者患不蹈仁爾。蹈仁則心無計較之私。若義所當死而死。雖比干不害爲正命

○子曰。當仁不讓於師

當仁。以仁爲己任也。雖師亦無所遜。言當勇往而必爲也。蓋仁者。人所自有而自爲之。非有爭也。何遜之有。○程子曰。爲仁在己。無所與遜。若善名在外。則不可不遜朱子曰。當仁。擔當之當。這仁字是指大處難做處說。這般處須著擔當不可說道自家做不得是師長所做底事。○弟子於師。每事必讓。而不敢先。至於仁以爲己任。則當自勉而勇爲。不可以有讓也。蓋仁者己所有而自

爲之。非奪諸彼而先之也。何讓之有。所謂不讓。猶程子所所謂不可將第一等事讓與別人做者。其事則顔子所謂舜何人也。予何人也。有爲者亦若是者是已。此與上章皆勉人爲仁之辭。上章爲凡民都不知仁而憚於爲之者發。此章爲學者粗知仁之爲美。而不知勇於有爲者發。○南軒張氏曰。夫子嘗曰。有能一日用其力於仁矣乎。我未見力不足者。又曰。我欲仁。斯仁至矣。又曰。爲仁由己。於此又明不讓於師之義。蓋道不遠人。爲之在己。雖所尊敬亦無所與讓。聖人勉學者使之用其力也○爲仁在我。雖師不暇遜。此便是仁以爲己任。○慶源輔氏曰。遜者禮之實也。德之善也。凡自外來者固不可不遜。如善名是也。至於爲仁在己。則何遜哉。蓋非不遜也。乃無所與遜也。○雲峯胡氏曰。當字大有力。量不弘者當不起。不毅者當不去。請事斯語。顔子當之。仁爲己任。曾子當之。顔曾遜於夫子之門。未嘗以當仁之事而遜於夫子也

○子曰。君子貞而不諒。

貞。正而固也。諒。則不擇是非而必於信。問君子不諒可乎。龜山楊氏曰。

惟貞固可以不諒。所謂貞者。惟義所在也○朱子曰。貞者見得道理是如此。便只恁地做去。所謂知斯二者弗去是也。爲正字說不盡。故更加固字。如易所謂貞固足以幹事。若諒者是不擇是非必要如此。故貞者是正而固守之意。諒則有固必之意焉○南軒張氏曰。貞則信在其中。但執小信而於義有礙則失其正而反害於信矣○覺軒蔡氏曰。諒有二訓。有止訓信者。友諒是也。有訓必信者。此諒是也。諒似貞而實非。故夫子特別而言之○雙峯饒氏曰。貞者正而固守。諒則固而未必正。言必信。行必果。而不知惟義所在者也○厚齋馮氏曰。歷萬變而不失其正者貞也。諒則固守而不知變者也。故曰貞者事之幹也。豈若匹夫匹婦之爲諒也

○子曰。事君。敬其事而後其食

後與後獲之後同。雙峯饒氏曰。此後字如先難後獲先事後得之後。後獲。謂不計其效也。蓋爲人臣者。但知盡其職分而已。祿非所計也。所謂正其誼不謀其利之意食。祿也。君子之仕也。有官守者修其職。有言責者盡其忠。皆以敬吾之事

而已。不可先有求禄之心也 南軒張氏曰。事君者主於敬其事而已。官有尊卑。位

有輕重。而敬其事之心則一也。後其食。猶後獲之意。然則爲貧而仕則柰何。孔子嘗爲委吏矣。亦曰會計當而已矣。嘗爲乘田矣。亦曰牛羊茁壯長而已矣。蓋亦以敬其事爲主也。若曰爲貧而仕。食焉而已。遑恤其事。則失其義矣。○胡氏曰。後其食者。蓋委置之。不存乎念慮之間。非纔任其事。而即有得禄之心。繼之也。若曰先敬其事。而後有計禄之心。則義利雜糅。公私交戰。其不爲利心所勝者幾希。○勉齋黄氏曰。敬事後食。臣之道也。餼稟稱事。君之道也。○慶源輔氏曰。有官守者脩其職。有言責者盡其忠。是皆天理之當然。而在人之所當爲者也。豈可有一毫僥求覬幸之意於其先哉

○子曰。有教無類。

人性皆善。而其類有善惡之殊者。氣習之染也。故君子有教。則人皆可以復如字反也於善而不當復扶又反又也論其

類之惡矣南軒張氏曰人所稟之資雖有不同然無有善惡之類一定而不可變者蓋均是人也原其降衷何嘗不善故聖人有教焉所以反之於善也教之行愚者可使之明柔者可使之强豈有氣質之不可變者乎然堯舜之子不肖則氣類又若有異何也蓋氣有可反之理人有能反之道而教有善反之功其卒莫之能反者則以其自暴自棄而已○慶源輔氏曰人之性同乎一理而已然其品類則有善惡之異者何哉蓋於其始生也已有氣稟清濁之分及其少長也又有習染邪正之異苟欲合其異而反其同則在乎教耳故君師有教化之妙則人皆可以復其善而自無爲惡之人豈可復論其類之惡哉○洪氏曰聖人之教如雨露之於萬物夫豈有所擇哉

○子曰道不同不相爲謀爲去聲

不同如善惡邪正之類南軒張氏曰君子以義小人以利義利之所趨不同烏能相爲謀乎○新安陳氏曰善惡謂君子小人邪正謂吾道異端如陰陽氷炭之相反此不能爲彼謀彼亦不能爲此

謀也

○子曰辭達而已矣

辭取達意而止不以富麗爲工勉齋黄氏曰此爲學者喜於工言辭者設然其曰達而已矣則非通於理者亦不能達也聖人之言未嘗有所偏也○胡氏曰富者欲其贍也麗者欲其華也○新安陳氏曰惟達理者辭能達意達意之外而過求之非以繁多爲富則以華美爲麗正理反爲所蔽本意反以不達矣達之一字命辭之法也東坡與人論文每以夫子此言爲主

○師冕見及階子曰階也及席子曰席也皆坐子告之曰某在斯某在斯見賢遍反

師樂師瞽者胡氏曰周禮樂師太師皆以師名磬鍾笙鎛韎籥皆曰師○吴氏曰古者樂師皆用瞽以其廢視而聽專且令天下無廢人也冕名再言某在斯歷舉在坐去聲之

人以詔之

師冕出。子張問曰。與師言之道與。與平聲

聖門學者於夫子之一言一動無不存心省悉井反察如此。吳氏曰。論語中。子張之問比諸弟子爲多。○新安陳氏曰。不可以子張之問作閒語看。聖人一言一動。無非教也。學者善觀之。則見得皆出於聖心天理之流行者矣

子曰。然。固相師之道也。相去聲

相助也。古者瞽必有相。其道如此。周禮春官。大師下大夫二人。少師上士四人。瞽矇三百人。眡音示瞭音了明目也三百人。眡瞭掌太師之縣音玄。鍾磬之類。凡樂事相瞽。蓋聖人於此非作意而爲之。但盡其道而已。○尹氏曰。聖人處上聲己爲去聲人其心一致。無不盡其誠故也。有志於學者。

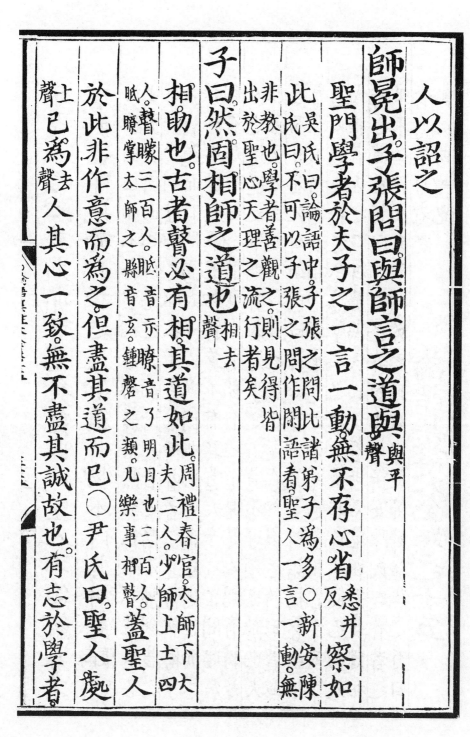

求聖人之心於斯亦可見矣。范氏曰。聖人不侮鰥寡不虐無告可見於此。推之天下無一物不得其所矣南軒張氏曰。道無往而不存。聖人之動靜語默無往而非道。蓋各止於其所而已。師冕之見及階則告之階。及席則告之席。既坐則歷告之以在坐者。蓋待瞽者之道當然爾。子張竊窺而有問焉。夫子以爲固相師之道。辭則近而意亦無不盡矣。事事物物莫不有其道。夫一日之間。起居則有起居之道。飮食則有飮食之道。見是人則有待是人之道。遇是事則有處是事之道。道不可須臾離也。夫惟天下之至誠一以貫之。道之所在。如影之隨形。蓋無往而非是矣。○胡氏曰。瞽必有相。荀子所謂猶瞽無相。春秋傳所謂其相曰朝也。冕之來見適無相者。坐必作。過必趨。哀矜之念。乃聖人之素心。至此自不能已也。故代相者告之。○厚齋馮氏曰。使瞽者若能視。然是謂相師之道。豈特與師言之道如此。○新安陳氏曰。瞽者之來。未必無相。夫子自矜之。且敬之。故節節謹告之。有目者待無目者之誠心曲禮也

論語集註大全卷之十五

論語集註大全卷之十六

季氏第十六

洪氏曰。此篇或以爲齊論。凡十四章。胡氏曰。疑爲齊論。以皆稱孔子曰。且三友三樂九思等條。例與上下篇不同。然亦無他左驗。○厚齋馮氏曰。上篇首衛靈公。以識諸侯之失。此篇首季氏。以識大夫之失。下篇首陽貨。以識陪臣之失也。此篇季氏而後。即記禮樂征伐祿去公室之語。乃記者以爲篇次之意

季氏將伐顓臾

顓臾。國名。魯附庸也。春秋傳曰。顓臾。風姓也。實司太皞與有濟之祀。註云。伏羲之後。在泰山南。武陽縣之東北

冉有季路見於孔子曰。季氏將有事於顓臾。見賢遍反

按左傳史記二子仕季氏不同時此云爾者疑子路嘗從孔子自衛反魯冉仕季氏不久而復扶又反之衛也左傳定公十二年仲由為季氏宰將墮三都○史記定公十三年夏孔子言於公曰臣無藏甲大夫無百雉之城使仲由為季氏宰將墮三都○左傳哀公十一年齊師伐我季孫謂其宰冉求曰若之何求曰一子守二子從公禦諸境孟孺子洩帥右師冉求帥左師師及齊師戰于郊師入齊軍獲甲首八十齊人遁冉有請從之季孫弗許○史記世家哀公三年孔子年六十矣在陳秋季桓子病輦而見魯城喟然嘆曰昔此國幾興矣以吾獲罪於孔子故不興也顧謂其嗣康子曰我即死若必相魯相魯必召仲尼後數日桓子卒康子代立已葬欲召仲尼公之魚曰昔吾先君用之不終終為諸侯笑今又用之不能終是再為諸侯笑康子曰則誰召而可曰必召冉求於是召冉求既去明年孔子自陳遷于蔡冉有為季氏將與齊戰於郊克之康子曰子之於軍旅學之乎性之乎冉有曰學於孔子康子以幣迎孔子孔子歸魯○趙氏曰魯哀公十年孔子自楚反乎衛十一年魯以

幣召之乃歸。子路從孔子反魯。當在此時。十四年。小邾射來奔。曰。使季路要我。吾無盟矣。使子路。子路辭。則子路尚在魯也。必是此年復之衛。次年死於孔悝之難。

孔子曰。求。無乃爾是過與。與平聲

冉求為去聲季氏聚斂。去聲尤用事。故夫子獨責之。問獨責求。何也。朱子曰。想他與謀較多。一向倒在他身上去。亦可知也。

夫顓臾。昔者先王以為東蒙主。且在邦域之中矣。是社稷之臣也。何以伐為。夫音扶

東蒙。山名。趙氏曰。蒙山。在泰山郡蒙陰縣西南。今沂州費縣也。○厚齋馮氏曰。按禹貢有二蒙。徐州蒙羽其藝。東蒙也。梁州蔡蒙旅平。西蒙也。○洪氏曰。魯頌曰。奄有龜蒙。遂荒大東。又云。乃命魯公。俾侯于東。錫之山川。土田附庸。謂顓臾也。先王封顓臾於此山之下。使主其祭。在

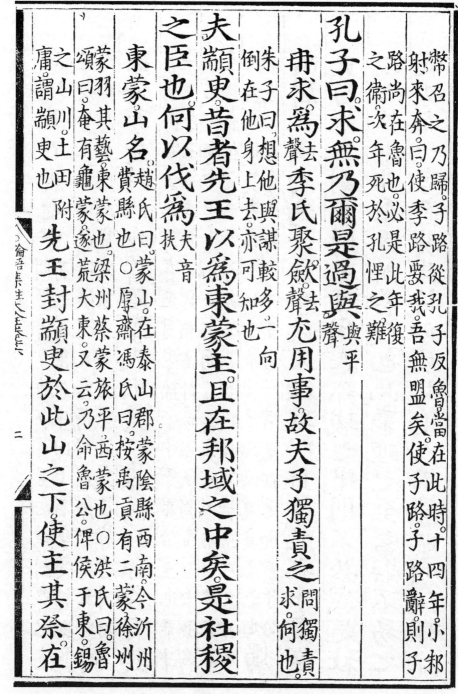

魯地七百里之中。問從孟子地方百里之說。則魯地安有七百里。朱子曰。七百里是禮記說。每疑百里如何做得侯國。又容得附庸。所謂錫之山川。土田附庸。必不止百里。然此處亦難考社稷猶云公家。是時四分魯國。季氏取其二。孟孫叔孫各有其一。左傳昭公五年春正月。季孫舍中軍。卑公室也。罷中軍。季孫稱左師。孟氏稱右師。叔孫氏則自以叔孫爲軍名。初作中軍。三分公室而各有其一。各有一軍家屬。季氏盡征之。無所入於公。叔孫氏臣其子弟。以父兄歸公。孟氏取其半焉。復以子弟之半歸公。及其舍之也。四分公室。季氏擇二。二子各一。皆盡征之而貢于公。獨附庸之國尚爲公臣。季氏又欲取以自益。故孔子言顓臾乃先王封國。則不可伐。在邦域之中。則不必伐。是社稷之臣。則非季氏所當伐也。此事理之至當去聲不易之定體。而一言盡其曲折如此。非聖人不能也。慶源輔氏曰。不可伐而伐之，則不仁。不必伐而伐之，則不智。非所當伐而伐之，則悖禮犯義。

冉有曰：「夫子欲之，吾二臣者皆不欲也。」

夫子指季孫。冉有實與去聲謀，以夫子非之，故歸咎於季氏。

孔子曰：「求！周任有言曰：『陳力就列，不能者止。』危而不持，顛而不扶，則將焉用彼相矣？任平聲。焉，於虔反。相，去聲，下同。

周任，古之良史。陳，布也。列，位也。相，瞽者之相也。言二子不欲則當諫，諫而不聽則當去也。朱子曰：相，亦是贊相之義。瞽者之相，亦是如此。○雙峯饒氏曰：冉有真與謀，子路只是不能諫止。危未至於顛，故持之使不至顛。顛則既蹈，須扶起之。

且爾言過矣。虎兕出於柙，龜玉毀於櫝中，是誰之過與？兕徐履反。柙户甲反。櫝音獨。與平聲。

兕。野牛也。趙氏曰。兕似牛。一角。毛青皮堅可爲鎧。柙。檻也。櫝。匱也。言在柙而逸。在櫝而毀。典守者不得辭其過。明二子居其位而不去。則季氏之惡。已不得不任其責也。朱子曰。虎在山。龜玉在他處。不干典守者事。今在柙中走了。櫝中毀了。便是典守者之過。○厚齋馮氏曰。二子居其位而不去。夫子稱爲具臣者以此。

冉有曰。今夫顓臾固而近於費。今不取。後世必爲子孫憂。夫音扶。

固。謂城郭完固。費。音秘。季氏之私邑。此則冉有之飾辭。然亦可見其實與季氏之謀矣。勉齋黃氏曰。冉有此言。但知費爲季氏之邑。而爲季氏子孫謀也。豈復知有魯哉。○齊氏曰。孔子之爲司寇也。使仲由隳費。而求乃謀伐顓臾以益費。是孔子弱三家以强公室。而求反之。故孔子惟深責冉求。以爲非由本意也

孔子曰。求。君子疾夫舍曰欲之而必爲之辭。夫音扶舍上聲

欲之。謂貪其利。梅巖胡氏曰。求以爲夫子欲之。吾二臣者皆不欲。孔子從欲字發明切責之

丘也聞有國有家者。不患寡而患不均。不患貧而患不安。蓋均無貧。和無寡。安無傾。

寡謂民少。貧謂財乏。均謂各得其分。去聲安謂上下相安。季氏之欲取顓臾。患寡與貧耳。然是時季氏據國。而魯君無民。則不均矣。君弱臣强。互生嫌隙。乞逆反則不安矣。均則不患於貧而和。和則不患於寡而安。安則不相疑

忌而無傾覆之患朱子曰。不均。不和。不安。在當時有難顯言者。故夫子微辭以告之。語雖畧而意則詳也。○雙峯饒氏曰。均無貧以下。文理參差。與上文不相當對。何也。曰。上兩句以貧與寡對說。下三句又錯綜說。大抵貧多起於不均。均則彼此皆足而無貧。故曰均無貧。不和則爭。爭則土地雖廣。人民雖衆。而心常以爲寡。惟和而不爭。則雖寡亦不見其爲寡矣。故曰和無寡。傾覆生於不安。人心苟安。則禍亂不作。自無傾覆之患矣。故曰安無傾。均無貧而後能和。和無寡而後能安。三者又自相因。○鄭氏曰。有國家者。不患民之寡。患無上下之分。而至於不均。不患財之乏。而患在失上下之心。而至於不安也。均則民志定。定則不貧。和則民志一。一則不寡。不貧不寡則安矣。安則不傾。○厚齋馮氏曰。夫子稱有國有家者。正指魯與季氏言之

夫音扶如是。故遠人不服。則脩文德以來之。既來之。則安之

內治去聲脩。然後遠人服。有不服。則脩德以來之。亦不當勤兵於遠新安陳氏曰。夫如是。總包括上三句。即所謂內治脩也。今不均。不安。既與內治脩反矣。又

欲興兵黷武則與脩文德反矣

今由與求也相夫子遠人不服而不能來也邦分崩離析而不能守也

子路雖不與音預謀而素不能輔之以義亦不得爲無罪故併去聲責之遠人謂顓臾或曰顓臾在邦域中如何謂之遠人雙峯饒氏曰遠人不特遠夷中庸柔遠人在懷諸侯之上夫子以蕭墻對顓臾則蕭墻近顓臾遠其爲遠人可知分崩離析謂四分公室家臣屢叛左傳定公五年九月陽虎囚季桓子及公父文伯桓子之從父昆弟也虎欲爲亂惡二子不從故囚之而逐仲梁懷十月丁亥殺公何藐季氏族已丑盟桓子于稷門之內魯南城門庚寅大詛逐公父歜即文伯及秦遄皆奔齊八年季寤桓子之弟公鉏極桓子族子公山不狃費宰皆不得志於季氏叔孫輒叔孫氏庶子無寵於叔孫氏叔仲志叔孫帶之孫不得志於魯故五人因陽虎陽

虎欲去三桓。以季寤代季氏。叔孫輒更叔孫氏。已更孟氏。十月。將享季氏于蒲圃而殺之。陽虎前驅。林楚御桓子以適孟氏。陽虎劫公與武叔以伐孟氏。公斂處父帥成人自上東門入。與陽氏戰于南門之內。陽氏敗。陽虎說音脫甲如公宮。取寶玉大弓以出。入于讙陽關以叛

而謀動干戈於邦內。吾恐季孫之憂不在顓臾。而在蕭牆之內也

干。楯也。楯垂尹反。兵器也。正作盾。戈。戟也。蕭牆。屏音丙也。問蕭牆。朱子曰。據鄭註云。諸侯至屏內。當有肅敬之意。未知是否。〇厚齋馮氏曰。蕭。肅也。臣之見君。至屏而加肅。故曰蕭牆言不均不和。內變將作。其後哀公果欲以越伐魯而去上聲季氏左傳哀公二十七年。公患三桓之侈也。欲以諸侯去之。欲求諸侯師以逐之。三桓亦患公之妄也。故君臣多間。隙也公欲以越伐魯而去三桓。秋八月甲戌。公如公孫有陘氏。因孫于邾。乃遂如越〇謝氏曰

當是時。三家强公室弱。冉求又欲伐顓臾以附益之。夫子所以深罪之。爲去聲其瘠魯以肥三家也。洪氏曰。二子仕於季氏。凡季氏所欲爲。必以告於夫子。則因夫子之言而救止者宜亦多矣。伐顓臾之事不見形甸反於經傳去聲其以夫子之言而止也與。音余○豫章羅氏曰。昔季氏伐顓臾。孔子曰。吾恐季孫之憂不在顓臾。而在蕭墻之內也。其後陽虎果囚季桓子。聖人之言。可不爲萬世法哉。自三代而下。人主不師孔子之言。不戒季氏之事。而被蕭墻之害者多矣。○厚齋馮氏曰。聖門紀録問答多單辭隻語。無文章可觀。唯此章數百辭折難抑揚。優游反覆。所宜深味也。

○孔子曰。天下有道。則禮樂征伐自天子出。天下無道。則禮樂征伐自諸侯出。自諸侯出。蓋十世希不失矣。自大夫出。五世希不失矣。陪臣執國命。三世希不失矣。

先王之制。諸侯不得變禮樂。專征伐。禮王制。變禮易樂者爲不從。不從者君流放也。革制度衣服者爲畔。畔者君討。有功德於民者加地進律。諸侯賜弓矢。然後征。賜鈇鉞。然後殺。陪臣。家臣也。吳氏曰。陪。重也。大夫於天子家臣。於諸侯皆稱陪臣。此謂家臣也。逆理愈甚。則其失之愈速。大約世數不過如此。厚齋馮氏曰。先王之時。五禮六樂掌之以宗伯。九伐之法掌之以司馬。禮樂征伐之權在上。而下莫敢干也。至自諸侯出。則逆理矣。然苟可自諸侯出。則亦可自大夫出。而逆理甚矣。苟可自大夫出。則陪臣亦可執國命。而逆理愈甚矣○雙峯饒氏曰。天下無道。先從禮樂上僭起。禮樂亂則征伐之權亦爲之下移矣。禮樂之中禮先而樂後。蓋禮者道之節文。有禮則上下之分定。禮亂則便不和。不和則爭。爭則征伐之所從起。征是上伐下。伐是諸侯互相侵伐。是以治天下者先要於禮上整頓○吳氏曰。十世。五世。三世。言其極大約不出此。故稱蓋以疑之。下章戒竊權者。此戒失權者。

天下有道則政不在大夫

言不得專政。慶源輔氏曰。天下有道。諸侯既不得變禮樂。專征伐。則大夫亦豈得而專國政哉

天下有道則庶人不議

上無失政。則下無私議。非箝其廉反其口使不敢言也慶源輔氏曰。下無私議。此有道之極致大驗。使下尚有竊議者。則上之人於道猶有慊。必至於庶人自然不議。方爲有道之極○此章通論天下之勢南軒張氏曰。禮樂征伐。天子之事也。天下有道。則禮樂征伐自天子出矣。蓋天子得其道。則權綱在己。而在下莫敢干之也。所謂自天子出者。天子亦豈敢以己意可專。而以私意加於其間哉。亦曰奉天理而已矣。此之謂得其道。若上失其道。則綱維解紐。而諸侯得以竊乘之矣。禮樂征伐將專行而莫顧矣。若諸侯可以竊之於天子。則大夫亦可以竊之於諸侯。而陪臣亦可以竊之於大夫矣。其理之逆。必至於此也。所以有十世五世三世之異者。尹氏謂於理愈逆則其亡愈近是也。天下有道

則政不在大夫者。政出于一也。庶人不議者。民志定於下而無所私議也○止齋陳氏曰。此章備春秋之終始。禮樂征伐自天子出。是春秋以前時節。自諸侯出。隱桓莊閔之春秋也。自大夫出。僖文宣成之春秋也。陪臣執國命。襄昭定哀之春秋也○新安陳氏曰。此章自有道及於無道。末又因無道而及於有道。其欲維持名分。挽今而返之古歟

○孔子曰。祿之去公室五世矣。政逮於大夫四世矣。故夫三桓之子孫微矣。夫音扶

魯自文公薨。公子遂殺子赤。立宣公。而君失其政。左傳文公十八年。文公二妃敬嬴生宣公。敬嬴嬖而私事襄仲。公子遂襄仲欲立之。叔仲惠伯不可。仲見于齊侯而請之。齊侯新立而欲親魯。許之。冬十月。仲殺惡及視。惡太子。視其母弟而立宣公。夫人姜氏歸于齊。哭而過市曰。天乎。仲爲不道。殺適立庶。市人皆哭○新安倪氏曰。春秋是年書冬十月子卒。公羊傳曰。子卒者孰謂。謂子赤也。

何以不日。隱之也。何隱爾。弑也。是子卒之書。左氏以爲惡。公羊以爲赤。集註曰子赤。本公羊傳也歷成襄昭定凡五公。逮及也。自季武子始專國政歷悼平桓子凡四世而爲家臣陽虎所執。集註張存中曰。見前章家臣屢叛下三桓。三家。皆桓公之後。此以前章之說推之。而知其當然也

○此章專論魯事。疑與前章皆定公時語雙峯饒氏曰。此章大意。正接前章自大夫出一條而言蘇氏曰。禮樂征伐自諸侯出。宜諸侯之強也。而魯以失政。陳氏曰。魯雖無桓文之覇。然征伐亦不無。按春秋可見。凡興兵非奉王命及請命而擅興者。皆謂之征伐自諸侯出。魯豈得爲無僭者政逮於大夫。宜大夫之強也。而三桓以微。何也。強生於安。安生於上下之分扶問反。定。今諸侯大夫皆陵其上。則無以令其下矣。故皆不

久而失之也或問田恒三晉何以不失朱子曰孔子之言常理也如書言惠迪吉從逆凶易言積善餘慶不善餘殃者也氣數舛戾則當然而不然者多矣孰得而齊之況田恒三晉傳世亦皆不過五六胡氏又以後世篡奪之迹考之如莽懿高歡楊堅五胡十國南朝四姓五代八氏皆得之非道或止其身或子孫四五傳而極矣唯晉祚差永而史謂元帝牛姓猶呂政之紹嬴以此論之常理未嘗不驗也天定勝人其此之謂歟○南軒張氏曰斯言發於魯定之世蓋魯自宣公賴襄仲以立而三家始盛專制魯國之賦而禄去公室矣又一世而政悉移於大夫自成公而下爲國君者拱手聽命而已孔子於禄去公室政在大夫而知三桓子孫之必微以理之順逆勢之陵犯而知之也夫三家不視其君而起不奪不厭之心則夫陪臣視之亦何憚而不萌其此心乎方三家專公室之禄而竊魯國之政本其私意欲以利其子孫而豈知子孫之微實兆於此哉○慶源輔氏曰此二章想只是一時之言分章者以前章通論天下之勢後章論魯事故於其中加孔子曰三字而析爲二章爾○厚齋馮氏曰昭公之亂樂祁曰魯君必出政在季氏三世矣魯之喪政四公矣以此知當時智者

已有此論。夫子故述之。○洪氏曰。前言十世五世。理也。今言五世。四世者。實也。非其有而有者必失。不宜大而大者必微。

○孔子曰。益者三友。損者三友。友直。友諒。友多聞。益矣。友便辟。友善柔。友便佞。損矣。便平聲辟婢亦反

友直。則聞其過。友諒。則進於誠。友多聞。則進於明。胡氏曰。直者。責善而無所回互。諒者。固執而無所更易。多聞者。有所參訂而不膠偏見。集註言友之之益。所謂聞過則眞有所聞。所謂進於誠明。則猶有待於進也。蓋友便諒與多聞。未卽至於誠明。而誠明可由是而入耳。

便。習熟也。便辟。謂習於威儀而不直。胡氏曰。便。順適也。字書云安也。順適且安。故云習熟也。便辟。書註以爲足恭是也。善柔。謂工於媚悅而不諒。便佞。謂習於口語而無聞見之實。三者損益正相反也。雙峯饒氏曰。與

直者友。則有過必聞。與諒者友。則信實相示。與多聞者友。則多識前言往行。知識日廣。三者雖常情所敬憚。然友之却有益。便辟者威儀習熟。善柔者每事阿順。便佞者語言可聽。三者皆常情所狎悅。而友之却有損。舉三者爲勸。又舉三者爲戒。〇尹氏曰。自天子以至於庶人。未有不須友以成者。而其損益有如是者。可不謹哉。或問三友之說。盡於集註之說而已矣。朱子曰。是亦釋其文之正意云爾。若推而言之。則是三者之於人。皆有薰陶漸漬之益焉。皆有嚴憚畏謹之益焉。皆有興起慕效之益焉。不但如彼之所言而已也。曰。損者之友。其相反柰何。曰。便辟則無責善之誠矣。善柔則無固守之節矣。便佞則無貫通之實矣。〇南軒張氏曰。友者所以輔成己德者。直者有過必聞。諒者忠信相與。多聞者知識可廣。是三者友之。則使人常懷進脩而不敢自足。得不日益乎。便辟便佞。謂便於人辟與佞者。善柔。謂善爲柔者。辟則容止足恭。柔則每事卑屈。佞則巧言爲悅。是三者友之。則使人日趨於驕惰焉。得不日損乎。自天子至於庶人。皆當謹乎此也。〇吳氏曰。益者增其所未能。損者壞其所本有。友道損益。豈止

於二。夫子蓋畧言之。從是推之。皆可求也。三樂亦然

○孔子曰。益者三樂。損者三樂。樂節禮樂。樂道人之善。樂多賢友。益矣。樂驕樂。樂佚遊。樂宴樂。損矣。樂五教反。禮樂之樂音岳。驕樂宴樂之樂音洛

節。謂辨其制度聲容之節。新安陳氏曰。禮之制度。樂之聲容驕樂則侈肆而不知節。佚遊則惰慢而惡烏反故聞善。宴樂則淫溺而狎小人。三者損益亦相反也。朱子曰。三樂。惟宴樂最可畏。所謂宴安酖毒是也。三者如驕樂。只是放恣侈靡。最害事。到得宴樂。便是狎近小人。疏遠君子。○或問三者之爲益。曰。君子之於禮樂也。講明不置。則存之熟。是非不謬。則守之正。存之熟。則內有以養其莊敬和樂之實。守之正。則外有以善其威儀節奏之文。與夫道人善。而悅慕勉强之意新。多賢友。而直諒多聞之士集。樂是三者而不已焉。雖欲不

收其放心以進於善亦不可得矣其爲益豈不大哉曰損者之相反奈何曰驕樂則不敬不和矣佚遊則忌人之善矣宴樂則憚親勝己矣○南軒張氏曰樂節禮樂則足以養中和之德樂道人之善則足以擴忠恕之心樂多賢友則足以賴輔成之功是爲得不日益乎樂驕樂則長傲樂佚遊則志荒樂宴樂則志溺是爲得不日損乎損益之原存乎敬肆而已○勉齋黃氏曰節禮樂者欲其循規蹈矩而不敢縱肆也道入善者志於爲善以成其身也多賢友者樂於取友以自規正也驕樂者恃氣以陵物則不復循規蹈矩矣佚遊者怠惰而自適則不復志於爲善矣宴樂者多欲以求安則不復望人之規正矣此其所以相反也○雙峯饒氏曰節禮樂三句都是天理一邊驕樂三句都是人欲一邊心向天理上則德日進而有益心向人欲上則德日退而有損○節禮樂只是謹之於毫釐之際不教他過亦不教他不及○驕樂是奢侈如峻宇雕墻之類佚遊如從流上下博弈田獵之類宴樂如飲食聲色之類○吳氏曰驕樂以驕爲樂宴樂以宴爲樂宴合食也易象曰君子以飲食宴樂飲食宴樂之合於禮者何可廢但不可以是爲樂而荒淫耳（）尹氏曰君子之於

好樂。並去聲可不謹哉覺軒蔡氏曰。三友。損益之資於外者。三樂。損益之發於中者也

○孔子曰。侍於君子有三愆。言未及之而言謂之躁。言及之而不言謂之隱。未見顏色而言謂之瞽。

君子。有德位之通稱。胡氏曰。不亦君子乎。專以德言。無君子莫治野人。專以位言。此章君子兼德位而言愆。過也。瞽。無目。不能察言觀色。○尹氏曰。時然後言。則無三者之過矣。朱子曰。聖人此言。只是戒人言語以時。不可妄發。○南軒張氏曰。言而當其可。非養之有素者不能然也。不然。鮮不蹈此三愆者矣。○勉齋黃氏曰。言有及未及者。或數人侍坐。長者當先言。不言。則及少者。或君子先有問。則承問者當先對。不以少長拘也。既有及未及。而又有未見顏色者。雖及之而言。亦須觀長者顏色。或意他在。或有不樂。則亦未審言也。○汪氏曰。時然後言。斷盡此章可與言否。各有其時。時未可言而遽言。是躁急而不遜。時可以言而不言。是隱匿而不發。不躁不隱。時可以言而或

所與言者意不在是則亦非可言之時也不察而强聒之非惟不入其耳或反貽其怒矣謂之瞽可也○雲峯胡氏曰言貴乎時中躁者先時而過乎中隱者後時而不及乎中瞽者冥然不知所謂中者也

○孔子曰君子有三戒少之時血氣未定戒之在色及其壯也血氣方剛戒之在鬬及其老也血氣既衰戒之在得

血氣形之所待以生者血陰而氣陽也厚齋馮氏曰血稟於陰行於脉之內而爲榮氣稟於陽行於脉之外而爲衛得貪得也隨時知戒以理勝之則不爲血氣所使也○范氏曰聖人同於人者血氣也異於人者志氣也血氣有時而衰志氣則無時而衰也少未定壯而剛老而衰者血氣也戒於色戒於鬬戒於得者志氣也君子養其志氣故不爲血氣所動是以年

彌高而德彌邵也朱子曰。人之血氣固有强弱。然而志氣則無時而衰。苟常持得這志。縱血氣衰極也。不由他。又曰。到老而不屈者。此是志氣。血氣雖有盛衰。君子常當隨其偏處警戒。勿爲血氣所役也。人之血氣衰時。則義心亦從而衰。夫子三戒。正爲血氣而言。又曰。氣只是一箇氣。便浩然之氣也。只是這箇氣。但只是以道義充養起來。及養得浩然。却又能配義與道也。○南軒張氏曰。人有血氣。則役於血氣。有始終盛衰之不同。則其所役亦隨而異。夫血氣未定。則動而好色。血氣方剛。則銳而好鬬。血氣既衰。則歉而志得。凡民皆然。爲其所役者也。於此而知戒。則義理存。義理存。則不爲其所役矣。此學者所當警懼而不忘者也。○勉齋黃氏曰。三者自少至老。皆所當戒。然三者之好。又各隨其血氣而有最甚者焉。故各指其最甚者而使之深戒也。血氣未定。不能勝人。而志氣尚銳。歲月尚長。亦未急於貪得。故惟色爲可戒。蓋男女之欲。惟年少爲最甚者也。血氣既剛。則涉歷既深。而貪得之念尚如未定之日。惟其剛强有足恃者。故惟鬬爲可戒。血氣既衰。則色與鬬之念皆無足逞者。而日暮途遠。憂慼百集。故於得爲可戒也。○慶源輔氏曰。人之血氣未定。則常動而易流。

方剛則勇銳而好勝既衰則收斂而多貪此血氣之變也常動而易流則戒色勇銳而好勝則戒鬬收斂而多貪則戒得此志氣之常也常者爲主而使變者不得肆焉此聖賢之學而君子終身之務也○雙峯饒氏曰鬼者氣之靈鬼者血之靈心是鬼鬼之合氣屬天血屬地心屬人人者天地之心心是血氣之主能持其志則血氣皆聽命於心不能持其志則心反聽命於血氣○新安陳氏曰三戒皆隨時而就衆人所易犯者言也朱子欲以理勝氣則不爲血氣所使范氏欲以志帥氣則不爲血氣所動意不相遠志亦定向於理而已○新安倪氏曰年彌高德彌邵出揚雄法言邵亦高也

○孔子曰君子有三畏畏天命畏大人畏聖人之言

畏者嚴憚之意也天命者天所賦之正理也知其可畏則其戒謹恐懼自有不能已者而付畀之重可以不失矣大人聖言皆天命所當畏知畏天命則不得不畏之

矣程子曰畏聖人之言則可以進德○朱子曰大人不止有位者是指有位有齒有德之大人○畏天命三字好自理會得道理便謹去做不敢違便是畏之也如非禮勿視聽言動與夫戒謹恐懼皆所以畏天命○要緊須是知得天命即是天理若不先知這道理自是憒然何由知其可畏纔知得便自不容不畏

小人不知天命而不畏也狎大人侮聖人之言

侮戲玩也不知天命故不識義理而無所忌憚如此○

尹氏曰三畏者脩己之誠當然也○汪氏曰尹氏此說所以別夫衆人怵迫於利害之畏也小人不務脩身誠己則何畏之有南軒張氏曰畏天命奉順而不敢逆也畏大人尊嚴而不敢易也畏聖人之言佩服而惟恐違也然而是三言主於畏天命蓋其畏大人畏聖人之言亦以其知天命之可畏而已○小人不知天命之所存是以冥行而莫之畏不畏天命則其狎大人侮聖人之言亦無所不至矣○大人德與位之通稱也○孟子謂說大人則藐之與斯言有以異乎孟子之言謂

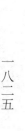

當正義以告之。不當爲其勢位所動耳。若夫尊嚴之分。則固未嘗不存也。言各有所指耳。○趙氏曰。大人。有德位者之稱。是天命之所存。聖人之言。謂方冊之所載。是天命之所發也。○厚齋馮氏曰。此以上五章。皆三事皆規誨之辭。非必一時之言。記者以類相從耳。○新安陳氏曰。三畏本平說。上一節本無知字意。然以小人不知天命推之。則見得君子所以畏天命者。以其知天命也。故集註於上一節亦兩以知字言之。欲知天命者可不格物以致其知。欲畏天命者可不誠意以正其心哉

○孔子曰。生而知之者。上也。學而知之者。次也。困而學之。又其次也。困而不學。民斯爲下矣

困。謂有所不通。言人之氣質不同。大約有此四等。○楊氏曰。生知學知以至困學。雖其質不同。然及其知之一也。故君子惟學之爲貴。困而不學。然後爲下。朱子曰。生知者堯舜

孔子也。學知者。禹稷顏回也。困者。行有不得之謂。知其
困而學焉。以增益其不能。此困而學之之事也。亦以卑
矣。然能從事於斯。則其成猶不在善人君子之後。不能
從事於斯則靡然流於下愚而不知返。均之困耳。而二
者相去之間如是之遠。學與不學之異耳○或問氣質
四等之說。曰。人之生也。氣質之稟。清明純粹。絕無查滓
則於天地之性。無所間隔。而凡義理之當然。有不待學
而了然於胸中者。所謂生而知之。聖人也。其不及此者
則以昏明清濁正偏純駁之多少勝負為差。其或得於
清明純粹。而不能無少查滓者。則雖未免乎少有間隔
而其間易達。其礙易通。故於其所未通者。必知學以通
之。而其學也則亦無不通矣。所謂學而知之。大賢也。或
得於昏濁偏駁之多。而不能無少清明純粹者。則必其
窒塞不通。然後知學其學又未必無不通也。所謂困而
學之。衆人也。至於昏濁偏駁之甚。而無復少有清明純
粹之氣。則雖有不通。而懵然莫覺以為當然。終不知學
以求其通也。此則下民而已矣○南軒張氏曰。困學雖
在二者下。然而至則一者。以其性之本善故爾。困而不
學是自暴自棄。則為下愚矣。又曰。中庸言及其知之則
一者。言其終所至之同也。此有三等之分者。言其始所

進之異也○慶源輔氏曰。人之氣質不同。然及其知之則一者。蓋以人性之本善故耳。是以君子唯學之爲貴。學則昏濁者可使清明。偏駁者可使純粹。惟其昏濁之甚。自暴自棄而不自知有學焉。此則所謂下愚之民也○凡心思智慮。行止動作。有所窒塞而不得通。則困之謂也○雙峯饒氏曰。生知。學知。困知。屬天質。學不學屬人事。蓋以氣質言之。只有三等。若民斯爲下。則全是人事不盡。蓋困是窮而不通之意。四面都窒塞。行不去了。却憤悱奮發。轉來爲學。如此尚可以勉進於中上。若又困而不學。則打入下等去。更無可出時矣。此聖人勉人務學處。○雲峯胡氏曰。以生知爲上。則學知者爲中。困知者爲下矣。而聖人不以品之下者。遂絶之。但曰困而不學。民斯爲下。蓋困而學。猶可以進於上。困而不學。遂爲下而無復上之望矣。

○孔子曰。君子有九思。視思明。聽思聰。色思溫。貌思恭。言思忠。事思敬。疑思問。忿思難。見得思義。難去聲

視無所蔽。則明無不見。聽無所壅。則聰無不聞。色見形甸

反於面者。貌舉身而言。思問則疑不蓄。思難則忿必懲。思義則得不苟朱子曰。視不爲惡色所蔽爲明。聽不爲姦人所欺爲聰。若視聽糊塗。是非不辨。則下面諸事。於當思處皆不知所以思矣。有爲氣質所壅蔽。有爲私欲所壅蔽。有爲讒邪所壅蔽。若思明思聰。便須去其壅蔽。○新安倪氏曰。視外明。而聽內明。蔽是蔽於外。壅是壅於內。故集註於視之明。以無所蔽言。於聽之聰。以無所壅言也。○程子曰。九思各專其一朱子曰。九思不是雜然而思。當這一件上思這一件。問各專其一。是主一之義。曰然。○雲峯胡氏曰。事思敬。九思之一。九思各專其一。則皆主乎敬者也。謝氏曰。未至於從七恭反容中去聲道。無時而不自省悉井反察也。雖有不存焉者寡矣。此之謂思誠朱子曰。視聽如何要得他聰明。如有物必有則。只一箇物。自家各有箇道理。況耳目之聰明。得之於天。本來自合如此。只爲私欲蔽惑而失其理。聖人教人做工夫。內外夾持。積累成熟。便會無些子滲漏。○又云。忿思難。如一朝之忿。忘其身及其親。此不思難之故也。○問人當隨事而思。若無事而思。則是妄想。曰。若閑時不思量義理。則臨事而思已無及。若只塊然守自家箇軀殼。直到有事方思。閑時卻莫思量。這卻甚易。只守此一句足矣。何用事事須先理會。何故中庸卻不先說篤行之。卻先說博學之審問之謹思之明辨之。大學何故不先說正心誠意。卻先說致知。是如何。○南軒張氏曰。九思。當乎此則思乎此。天理所由擴而人欲所由遏也。然是九者。要當養之於未發之前。而持之於方發之際。不然。但欲察之於流而收之於暫。則但見其紛擾而無力矣。○勉齋黃氏曰。九思固各專其一。然隨其所當思而思焉。則亦泛然而無統矣。苟能以敬義爲主。戒懼謹獨而無須刻之失。然後爲能隨其所當思而思矣。○雙峯饒氏曰。九者之目有次第。視聽色貌言是就自身說。事疑忿得是就事上說。一身之間。視聽向前。其次則有色貌。又其次言出於口。又其次見之行事。視與聽對。色與貌對。言與事對。疑與忿對。得又是就事上說。三者之中。疑思問屬知。忿思難見得思義屬行。○齊氏曰。孔子曰。吾嘗終日不食。終夜不寢以思。無益。而今乃有九思。彼爲思而不學者言。此爲不思者而言也。○新安陳氏曰。君子苟未至於不思而得。

當隨時隨處而各致其思則處己待人應事接物無不各中其則矣豈但九者而已哉馮氏謂九者日用常行之要是也

○孔子曰見善如不及見不善如探湯吾見其人矣吾聞其語矣探吐南反

眞知善惡而誠好惡並去聲之顏曾冉閔之徒蓋能之矣語蓋古語也慶源輔氏曰見善如不及則表裏皆好而無一念之不好不患其不爲之矣見不善如探湯則表裏皆惡而無一念之不惡不患其或爲之矣此唯知至意誠者能之故顏曾冉閔之徒足以當之

隱居以求其志行義以達其道吾聞其語矣未見其人也

求其志守其所達之道也達其道行其所求之志也南軒張氏曰其退也所以安其義之所安而其進也所以推其道於天下蓋其所達之道即其所求之志也○新安

陳氏曰。聞其語。可見四句皆古語也。蓋惟伊尹太公之流可以當之。當時若顏子亦庶乎此。然隱而未見。形甸反又不幸而蚤死。故夫子云然。朱子曰。行義以達其道。所行之義。即所達之道也。未行則蘊諸中。行則見諸事也。○問集註謂伊尹太公之流可以當之。顏子所造所得。二賢恐無以過之。而云亦庶乎此。下語輕重抑揚處。疑若於顏子少貶者。若云古之人有行之者。伊尹太公之流是也。若顏子可以當之矣。然隱而未見。又不幸蚤死。故夫子言然。不知可否。曰。當時正以事言。非論其德之淺深也。然語意之間。誠有如所論者。○問行義以達其道。莫是所行合義否。曰。志是守所達之道。道是行所求之志。隱居以求之。使其道充足。行義是得時得位而行其所當爲臣之事君。行其所當爲而已。行所當爲。以達其所求之志。又問如孔明可以當此否。曰。也是。如伊尹耕於有莘之野。而樂堯舜之道。是隱居以求志。及幡然而起。使是君爲堯舜之君。使是民爲堯舜之民。是行義以達其道。曰。如漆雕開之未能自信。莫是求其志否。曰。所以未能信者。但以求其志。未說行義以達其道。○新安陳氏曰。惟伊尹太公可以當之者。方其耕莘釣渭。則隱居求志也。及遇湯文而大用。則行義達道也。窮達無意。體用相須。當時如顏子之用則行。舍則藏。亦庶幾乎此。然夫子雖許顏子以此。而顏子未用。且不壽。則於行義達道。未見顏子之如此也。朱子嘗謂以其事言。非以其德之淺深言是也。前一節真知善惡而誠好惡之者。此知至意誠之事。方篤信自脩。未達於用也。後一節求志以守所達之道。達道以行所求之志者。則身脩而推以齊治平之事。體用全而爲大人矣。此夫子所以有見與未見之分歟

○齊景公有馬千駟。死之日。民無德而稱焉。伯夷叔齊餓于首陽之下。民到于今稱之

駟。四馬也。胡氏曰。一車之用。兩服兩驂也。首陽。山名。胡氏曰。在河東蒲阪縣。○新安陳氏曰。富貴而無善可稱。身死而名隨滅。貧賤而有善可稱。世遠而名愈芳。是名之稱不稱。初不繫於富貴貧賤也

其斯之謂與。與平聲

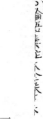

胡氏曰。程子以爲第十二篇錯簡誠不以富亦祇以異當在此章之首。今詳文勢。似當在此句之上。言人之所稱不在於富而在於異也。愚謂此說近是。而章首當有孔子曰字。蓋闕文耳。大抵此書後十篇多闕誤。厚齋馮氏曰。夫人必有異於流俗而後稱之。君子所以疾沒世而名不稱也。以千駟之馬校首陽之餓夫。貧富貴賤。蓋不侔矣。而後世稱之者。乃在此而不在彼也。君子之於斯世。其可。自同於流俗哉。○葉氏少蘊曰。伯夷叔齊同隱首陽。而孟子不言叔齊者。制行立教以示天下爲之始者伯夷也。叔齊則從之而已。孟子論教之所始。故獨舉伯夷。夫子論行之所異。故兼稱叔齊也。

○陳亢問於伯魚曰。子亦有異聞乎。亢音剛

亢以私意窺聖人。疑必陰厚其子

對曰：未也。嘗獨立，鯉趨而過庭。曰：學詩乎？對曰：未也。不學詩，無以言。鯉退而學詩。

事理通達，而心氣和平，故能言。慶源輔氏曰：詩本人情，該物理，故學之者事理通達。其爲教温柔敦厚，使人不絞不訐，故學之者心氣和平。事理通達則無昏塞之患，心氣和平則無躁急之矣。此其所以能言。○新安陳氏曰：誦詩三百而使能專對，亦學詩能言之驗。

他日又獨立，鯉趨而過庭。曰：學禮乎？對曰：未也。不學禮，無以立。鯉退而學禮。

品節詳明，而德性堅定，故能立。慶源輔氏曰：禮有三千三百之目，其序截然而不可亂，故學之者品節詳明。其爲教恭儉莊敬，使人不淫不偏，故學之者德性堅定。品節詳明則義精而莫之惑，德性堅定則守固而莫之摇，此其所以能立。○新安陳氏曰：夫子嘗曰立於禮，又學禮能立之證。

聞斯二者

當獨立之時所聞不過如此其無異聞可知

陳亢退而喜曰問一得三聞詩聞禮又聞君子之遠其子也

遠去聲

尹氏曰孔子之教其子無異於門人故陳亢以爲遠其子

程子曰聖人之教未嘗私厚其子學詩學禮止可告之若此學必待其自肯○朱子曰陳亢實以私己之心竊孔子故有此問及其聞伯魚之說而又以孔子爲遠其子則以其私意之未忘而以爲聖人故推其子而遠之也殊不知聖人曷嘗有是心哉但其教人之法不過如此而自世人之私厚其子者觀之則亦可以有警云爾○南軒張氏曰聖人唱兩端之教於親踈賢愚無以異也其告門人固嘗曰興於詩立於禮而此語伯魚以先之以學詩次之以學禮學之序固當然也不學詩無以言易其心而後能言也不學禮無以立謹其節而

後有立也。陳亢初疑伯魚之有異聞。及聞斯言。乃亦夫子之所以教門人者。故有遠其子之言。謂不私其子也。味伯魚答陳亢之辭氣。亦可見其薰陶之所得矣。○潛室陳氏曰。詩能興起人心。禮可固人肌膚之會。筋骸之束。於初學爲最近。故聖人以此爲學者門戶。○問陳亢謂聖人遠其子。未免以私意窺聖人。曰。古者易子而教之。父子之間不責善。乃天理如此。非私意也。○問伯魚聖人之子。陳亢意其有異聞。及止聞詩禮之訓。乃知聖人遠其子。愚意伯魚之資稟稍劣。故聖人止以是告也。使其有曾顏之資。亦當以曾顏者告之矣。若一以遠其子。則是有心於爲公也。聖人然乎哉。曰。父子主恩。義方之訓。只說到這處。若伯魚天資穎悟。即飲食起居無非教也。天何言哉。四時行焉。百物生焉。聖人向隱乎爾。曾顏可至。伯魚亦可至。自是日用不知耳。○新安陳氏曰。得三。謂聞詩聞禮與遠其子爲三也。夫子固不私其子。亦何嘗遠其子。當其可而教之。教子與教門人一耳。與詩立禮。詩禮雅言。與此之聞詩聞禮。平日教門人如此。教子亦不過如此。陋哉亢之見也。味伯魚答亢之辭氣雍容詳密。亦可見濡染薰陶之所得矣。惜其不壽而不至大成就耳。

○邦君之妻君稱之曰夫人夫人自稱曰小童邦人稱之
曰君夫人稱諸異邦曰寡小君異邦人稱之亦曰君夫人
寡寡德謙辭○吳氏曰凡語中所載如此類者不知何
謂或古有之或夫子嘗言之不可考也南軒張氏曰此正名之意也春
秋時以妾母爲夫人者多矣甚則以妾爲夫人如魯惠
晉平之爲者名實之乖一至於此正其名所以責其實
也○覺軒蔡氏曰按記曲禮篇曰天子之妃曰后諸侯
曰夫人大夫曰孺人士曰婦人庶人曰妻公侯有夫人
有世婦有妻有妾夫人自稱於天子曰老婦自稱於諸
侯曰寡小君自稱於其君曰小童自世婦以下自稱曰
婢子孔氏正義曰此一節論天子以下妃妾稱謂之法
諸侯曰夫人者夫人之名唯諸侯得稱諸侯以敵體一
人正者爲夫人畿內諸侯之妻其助祭獻繭得接見天
子故自稱曰老婦其自稱於諸侯曰寡小君者諸侯相
饗夫人亦出故得自稱也君之妻曰小君而云寡者從
君謙也自稱於其君曰小童者與夫言自謙若未成人

言無知也。當夫子時。諸侯僭天子。大夫僭諸侯。家臣僭大夫。非一日矣。以至嬖妾亦僭夫人。然正名定分。當自諸侯始。故夫子有志於古禮而嘗言之。記者附見於衞靈公之篇末。豈因南子而發歟。觀此則知君臣夫婦之經。不可以不正。君臣夫婦之倫正。則名實稱矣。○陳氏用之曰。國君理陽道。而出命正人於其外。故謂之君。夫人理陰德。而出命正人於其內。故亦謂之君。易曰。其君之袂。詩曰。我以爲君。禮稱女君。春秋書小君是也。○厚齋馮氏曰。是時嫡妾不正。稱號不審。必夫子嘗言古禮如此。故記之。

論語集註大全卷之十六